中部地方の若手建築家とつくる家

建築ジャーナル［編］

A House You Build with an Architect under the Age of 50 in Central Japan

夢を実現する新進気鋭のパートナーたち

建築ジャーナル

はじめに

家づくりは人生最大のイベントです。

限られた予算のなかで、あれもしたい、これもしたいと、

望みは数限りなく出てくるもの。

そこで重要なのは、誰に頼むか、です。

あなたがもし、本当にすみずみまで自分の考えが反映された

納得のいく家をつくりたいと考えるなら、

そのとき最も頼りになるのが、「建築家」です。

「建築家に頼むと、設計料の分だけ高くなる」といわれますが、

たとえばハウスメーカーでは、工事費の中に設計料が含まれ、

しかも建て主の立場で工事を監視する機能がほとんど存在しません。

建築家はプロの目で工事現場をチェックし、

手抜きや不適切な工事を未然に防ぎ、建て主の利益を守ります。

トータルに考えると、結局、建築家に頼んだほうが安くあがる場合が多々あります。

終始、建て主の考えによりそい、それを限られた予算のなかで

最大限に実現するのが、建築家の役割なのです。

本書では、中部地方で活躍する若手建築家11人と

彼らが建て主とつくりあげた代表的な住まいを紹介しています。

建築家の考え方や趣味など、人間像にも触れています。

このなかから、あなたの家づくりに

最も合ったパートナーを見つけてください。

目次

建築家は家づくりの最初から最後まで、建て主であるあなたとともにあります。
家づくりに携わる建築家は「あなたらしい住まい・生活をかたちにする」ことに、心を砕きます。
また、あなたとの会話などから、個性や普段の暮らしについてヒントを得て、
要望以上の提案をしてくれるのも建築家ならでは。
建築家が設計するのは、あなたや家族のために考えられた唯一無二の家です。

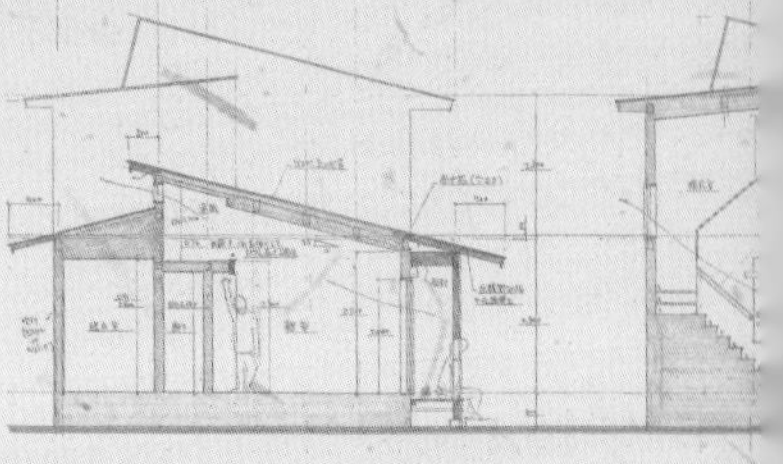

建築家に依頼するべき

建築家との家づくりのすすめ 5つの理由

1 あなたの代理人である

あのスペースに
足せますよね！
今さら
言いづらいけど
収納が
足りない……
OK!!
まだ間に合う

家をつくるのは建て主であるあなたです。

でも、家づくりを一人ですべて行えるなんていう人はかなりまれなはず。

専門知識と経験をもつ建築家は、家づくりにおいてあなたの代理人になります。

工事関係者から直接話を聞いても「良い・悪い」の判断が難しい専門的な内容も、建築家があなたに代わって交渉や指示を行ってくれますので、安心して家づくりに取り組めます。

2 「設計」とともに重要な「監理」という役割をもつ

家づくりにおける建築家の仕事は大きく分けて二つです。

一つは「設計」作業。

設計図を作成するのはもちろん、施工者である工務店と交渉して、予算内で収まるように工事費を決めることも設計作業のうちです。建て主であるあなたの要望が多いために予算がオーバーしたり、設計条件に矛盾が生じるような場合は、優先順位を一緒に検討し、納得がいくように調整していきます。

もう一つは、設計図通りの材料や構造で工事が行われているかをチェックし、問題があれば手直しを指示する「監理」という仕事です。

あなたと建築家が共有してきた「わが家への思い」を現場の大工や職人に伝える役割もあります。これは設計から監理まで一貫してかかわる建築家だからこそ可能なことです。

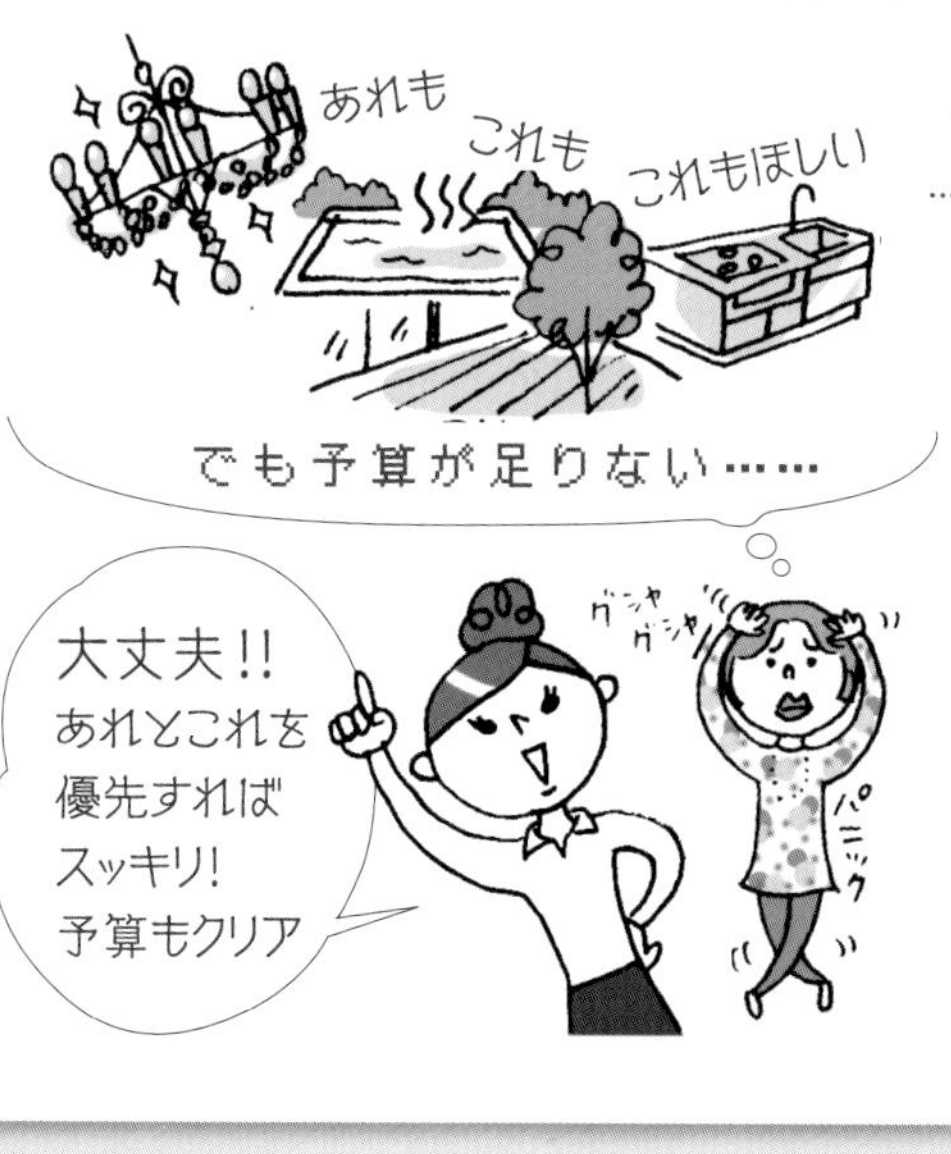
あれも
これも
これもほしい
でも予算が足りない……
大丈夫!!
あれとこれを
優先すれば
スッキリ!
予算もクリア
パニック

CAT
CAGE

3 設計料を明確に提示

「設計料って本当に必要なの？」と感じる人もいるかもしれませんが、設計料がかかっていない家はありません。むしろ、設計料がかからないような設計をしているのなら、それはプロの仕事とは言えず、疑いをもつべき。

ハウスメーカーや工務店との家づくりで「設計料がかかりません」というのは安さを強調するための営業トークで、多くの場合、工事費に含めて計上されています。

法律で設計に関する契約を義務化し、あいまいになっている設計料を明確化しようという動きもあります。すでに、一定面積（300㎡）以上の住宅では義務化が始まっています。

4 あなたの家だけで完結するお金の流れ

建築家とつくる家では、建て主であるあなたの支払ったお金があなたの家のためだけに使われます。

「え？　当たり前じゃないの」とお思いでしょうか。

しかし、大手ハウスメーカーでは支払ったお金の一部が、営業マンの給料、CMなどの広告宣伝費、住宅展示場の維持費などに充てられています。

「建築家に設計を頼むとコストが高くなる」というのは、誤った認識。

建築家は総予算を踏まえながら家づくりにかかるコストを管理します。

同じ金額をかけて家をつくるなら、どちらがよりよい住宅になるかは明らかですね。

5 人生を豊かにする

正直なところ、「建築家との家づくり」は大変です。

あなたの家だけのために、何もない0の状態からデザインしていきます。そのため、ハウスメーカーを利用して、ある程度用意されたカタログから組み合わせを選んで家を建てる方法よりも、時間も労力もかかります。

建築家が「わたしたちと家をつくる建て主は、時間をかけて考え、生活を大切にするすごい人たち」と言うほどです。大変な家づくりを成し遂げたという経験は大きな財産となるでしょう。

自分の家について考えることは、自分の、そして家族の生活を考えること。時間をかけて、自分と向き合い完成したわが家での生活を通じて、人生はきっとより豊かなものになるはずです。

建築家とつくる家づくりの流れ

気になるスケジュールとお金の支払いタイミング

さあ、建築家との家づくりを始めましょう！
そこで気になるのは、かかる「時間」と「お金」。
せっかくの楽しい家づくりも、流れがわからないと不安なもの。
ここではそんな不安を少しでも解消するために、
家づくりのスケジュールとお金の支払いタイミングをまとめました。
わからないことがあれば、遠慮せずに
心強いパートナーである建築家に相談しましょう。

START

大きな支払いは
建築家に支払う「設計・監理費」
工務店に支払う「工事費」
の2種類
しかし、そのほかにかかる雑費も
ばかにならないので、しっかり計算しましょう

まずは理想の建築家をみつけましょう

家づくり **0カ月目**（建築家と出会うまで）

1 情報を集めよう

雑誌やインターネットで感性の合いそうな建築家を探してみましょう。
建築家が手掛けた家を見学できるオープンハウスも、設計した空間と建築家の人となりに触れることができるのでお勧めです。

2 建築家に会いに行こう

感性の合いそうな建築家を1～3人に絞り込んだところで、メールや電話でコンタクトを取り、実際に会いに行ってみましょう。
家づくりを楽しむためにも、スケジュールに余裕をもつことをお勧めします。
建築家と住まいや暮らしへの思いを語り合い、価値観が近いと感じられる建築家を一人に絞ります。

［**費用**］ 基本的に初回面談は無料

2′ 土地探し

土地が決まっていない場合は、建築家との土地探しがお勧めです。
一見して難しいと思われる敷地でも、建物のプラン次第では長所や魅力に変えることもできます。また、建築費と土地代をトータルで考える上でも、建築家と一緒に土地を探すことが無理のない家づくりを可能にします。

［**土地代のほかにかかる費用と注意点**］

● **敷地調査費**
正式な測量図がない場合に発生します。広さと状況によりますが5～30万円程度必要。法規によって希望の家が建てられない場合もあるので、土地購入前の調査をお勧めします。

敷地に家が残っている場合

● **解体費**
敷地に既存建物がある場合に発生します。住宅であれば3～5万円／坪（構造による）程度。

● **建物滅失登記費**
建物を取り壊したことを登記所に申請する建物滅失登記が必要です。登録免許税はかからず自分で行うことも可能。土地家屋調査士へ依頼した場合、報酬として3～5万程度かかります。

土地を新しく買う場合

● **仲介手数料**

● **地盤調査費**
地盤調査は必ず行う必要があります（2000年より義務化）。調査費は5～15万程度。改良の必要がなければ、地盤保証を3万円ほどで付けられます。地盤調査により改良が必要となった場合は、工事の内容次第で50～200万円以上の費用がかかることも。

3 プレゼンテーション

プランを提案してもらいたいと思ったら、条件を伝えてプレゼンテーションしてもらいましょう。
これまでその建築家が設計した家を見せてもらうのもいいでしょう。

［費用に関する注意点］

建築家によって、プレゼンテーション前に設計契約を結ぶところ、現地調査をして実費有料で行うところ、簡単なプランのみで無料のところなどいろいろありますので、確認してから依頼しましょう。真剣に取り組んでいるので当然ですが、契約に至らない場合でも実費を請求される場合があります。むやみに何人にも頼むのはやめましょう。

ここからは じっくりと「家のカタチ」を 決めていきます

1カ月目

4 設計・監理契約

（約1カ月間）

提案された案が気に入ったら、設計・監理契約を結んで、基本設計に進みます。
建築家賠償責任保険に加入しているか、支払い条件や作業の範囲などを確認しておきましょう。また、監理も大事な仕事の一部ですので、どのくらいの頻度で見てもらえるかも確認します。

［費用］

● 設計・監理契約手付金
契約の際には手付金として設計監理費の10～20%程度を支払うことが多いです。

● ローン申込書類の代金

● つなぎ融資申込費用
住宅ローンが実行されるのは住宅が完成してからです。しかし、支払いは完成前から発生します……。その間をつなぐのが、つなぎ融資です。利用する場合は、つなぎ融資の利息、ローン事務手数料などが必要。通常は住宅ローンでまかなわれます。

▶ **チェックポイント**

支払い時期を確認しよう！

設計・監理契約を結ぶ時期は、プラン提案前・プラン提案後・基本設計後など、建築家により異なります。一般的な設計監理費の目安は、本体工事費と別途工事費合計額の10～15%程度。最低設計料を設定しているところもあります。これを3～6回程度に分けて支払うのが一般的で、契約時に支払い時期も決めます。

2カ月目

5 基本設計

（約2カ月間）

建物の骨格を決めていきます。希望や疑問点は建築家にすべて伝えましょう。図面だけでは理解できないことも多いので、模型やスケッチ、事例写真などを提示してもらって、できるだけ具体的に、住まいと暮らしのイメージを共有していきます。建築家は、建て主の希望を聞きつつ、現実的な予算、法的な制限の確認、敷地や環境への配慮、構造・規模などを検討し、実際に建てるにはどうしたらよいかを精査していきます。

［費用］

● 設計・監理費（2回目）
基本設計完了時、設計監理費のうち30%程度を支払います。

※上記は一例。設計事務所により異なる

家づくり

約3カ月目

6 実施設計
（1−3カ月間）

プランと外観が決まったら、実施設計に進みます。
建築家は工事に必要な図面を描いていきます。この時期に、使用する素材の選定、照明器具の種類、キッチンの詳細など、できるだけ実物を見ながら詰めていきます。

［費用］

●設計・監理費（3回目）
実施設計が終わったところで、設計監理費のうち30～40%程度を支払います。
※上記は一例。設計事務所により異なる

4−6カ月目

7 見積もり・工務店選定
（2−3週間）

図面と素材がひと通り決まったら、設計者から工務店へ工事の見積もりを依頼します。
信頼できる工務店を建築家から特命で紹介される場合と、3社程度の相見積もりで決める場合があります。特命の場合は、設計者との信頼関係により、安定した施工とサービスが得られるところがメリットです。相見積もりの場合は、値段だけで決めるのではなく、技術力・メンテナンス・相性など、総合的に見ることが大事です。
決定権はあくまで建て主であるあなたにあります。

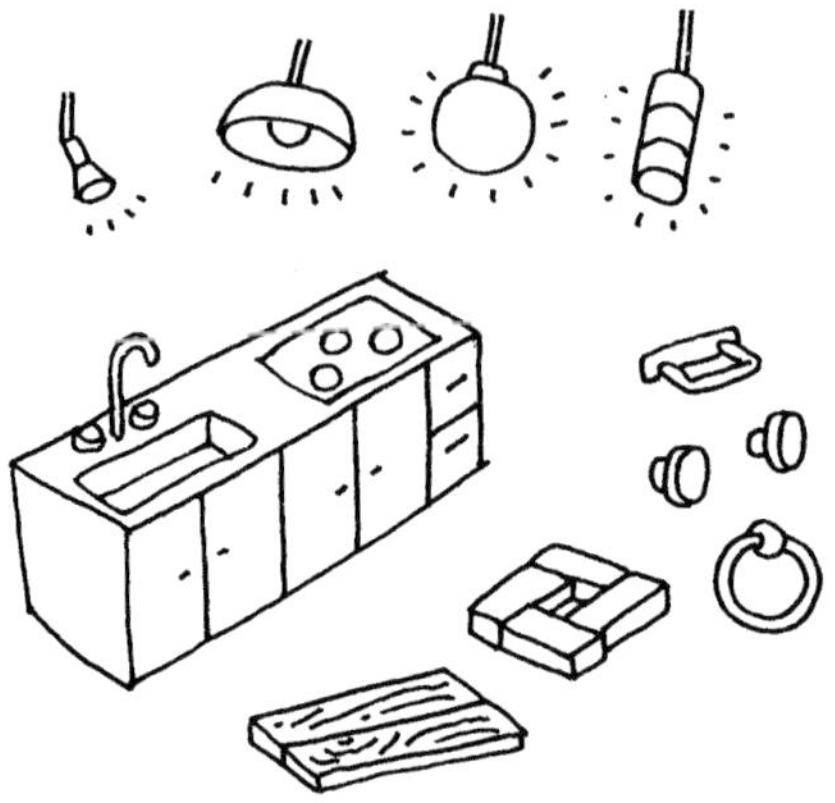

約6カ月目

8 建築確認申請
（1−2週間）

建て主は確認申請書を役所もしくは民間の建築確認検査機関に提出し、建築物が建築基準法・条例などに適合しているか確認を受けなければなりません。通常は専門家である建築家が代行します。
確認申請の時期は、見積もりの前、見積もりの間など、状況によって違います。通常は1～2週間ほどで下りますが、長期優良住宅の場合や建物の構造によってはさらにかかるので、スケジュールに気をつけましょう。

［費用］

●確認・完了検査申請費・作業料
確認・完了検査申請の実費は申請を出す機関、建物の面積、構造によって異なります。建築家が申請に必要な設計図書を作成し申請するため、確認審査申請と竣工時の完了検査申請の実費（印紙代など）＋建築家の作業料も含め、20～30万円程度。設計料に含んでいる建築家もおり、支払いの時期は確認が必要です。

9 工事契約

工事金額が決まり、確認申請が下りると、
工事契約をして、いよいよ工事が始まります。

［費用］

●工事費の支払い（1回目）
一般的に工事費は、出来高払いにして、4回程度に分けて支払います。契約時に着手金10%（1回目）を支払います。
※上記は一例。契約時に支払いのタイミングを確認

●印紙代
工事請負契約や売買契約にかかる税金を収入印紙で支払います。ともに1000万円以上5000万円以下の場合、2万円（2018年3月31日までは軽減措置により半額）。

●長期優良住宅認定の申請費・作業料
長期優良住宅の認定を受ける場合には、申請料の実費に加えて、建築家による設計図書の作成作業料が発生するほか、工事費の坪単価も上がるため、通常よりも費用がかかります。申請を考えている場合は建築家に相談しましょう。

●住宅瑕疵担保責任保険費
住宅瑕疵担保履行法により義務化（10年間）。万が一工事事業者が倒産しても上限2000万円までの補修費用の支払いが受けられます。
工事業者が申請および支払いを行いますが、最終的には経費または直接項目で建て主に請求され、間接的に支払うことになります。面積や保険会社との契約の仕方により、費用には5～10万円程度と幅があります。

いよいよ
家を建てていきます

10 地鎮祭

地鎮祭は、工事を始める前に土地をお祓いし、工事の無事を祈る儀式。どんな形にせよ、着工前には行うことが多いです。工務店が詳しく準備の内容を教えてくれますので相談してみましょう。

〔費用〕

● **地鎮祭費用**
地域によって異なりますが、一般的には神主への謝礼3万、供え物に1～2万程度。

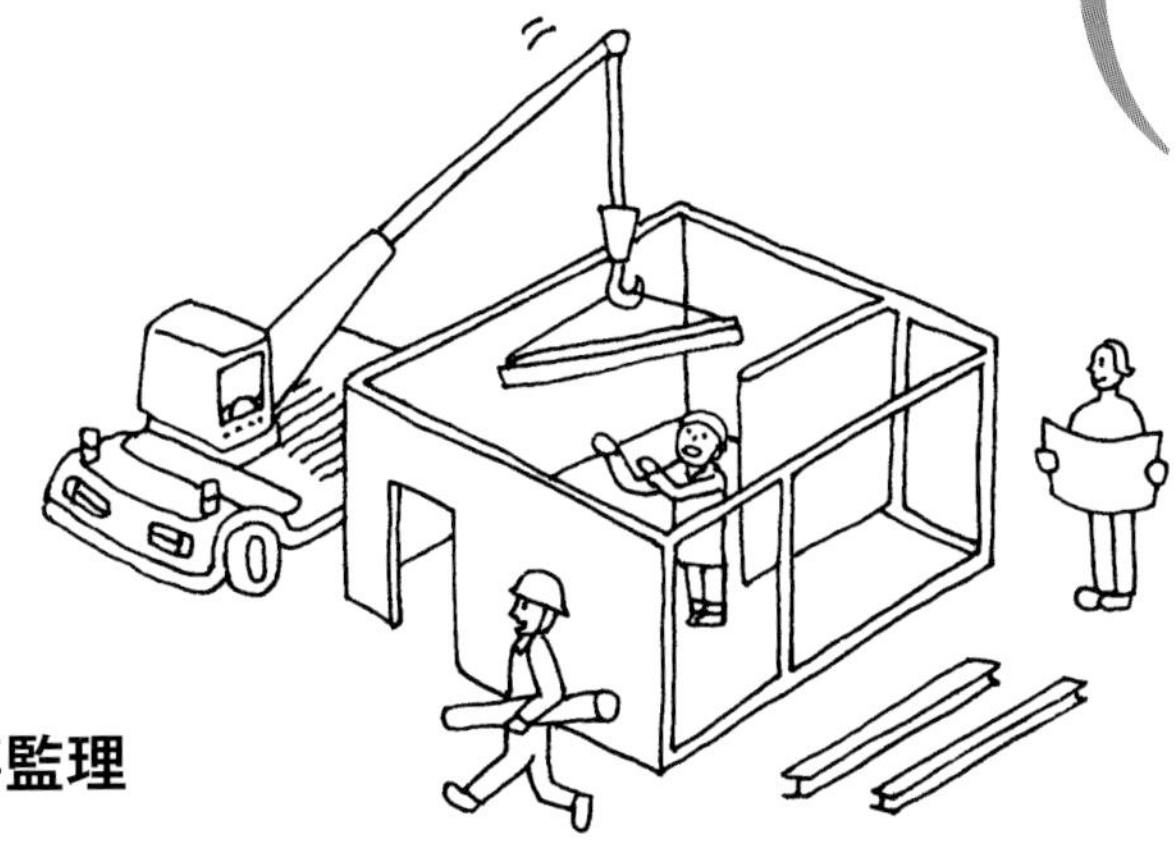

11 着工・工事監理
（4−6カ月間）

工事監理とは、図面通り間違いなく工事が行われているかを現場で確認することです。
不適切な施工があれば、建築家は建て主の代理人として工務店に改善を求めます。工事期間中は基礎の配筋検査や上棟後の金物検査などの主要な検査を行うほか、週1回程度は現場に行き、施工状況を確認します。
建て主も、可能な範囲で家族で家の様子を見に行き、写真を撮っておくのがお勧めです。安心と同時に、いい思い出を得ることができます。家が立体的になっていくなかで、「こうしたほうがよかったかな」と思うことがあったら、建築家に相談してみてください。建築家は全体を把握していますので、その変更が他工事に影響しないかも含めて、要望に応える最善の策を提示してくれるでしょう。

〔費用〕

住宅ローンの中間金交付が実行される段階に合わせて、工事費や設計・監理費の中間金を支払います。

● **工事費の支払い**（2回目）
着工時に30％程度支払います。※上記は一例。契約時に支払いのタイミングを確認

● **水道加入金**（メーター取得費用）
水道を使用するための権利金。各自治体によって料金は異なります。約20万円程度必要です。

● **近隣へのあいさつ費用**
手土産代として1軒あたり500～1,000円程度。

● **現場へのお茶菓子代**
週1回程度、現場の様子を見に行く際に、無理のない範囲での飲み物などの差し入れでOK。それよりも、積極的に大工さんへ声をかけることで、張り合いになります。

12 上棟式

上棟式は、棟木を上げ終わった当日に行う儀式。どうするか悩む場合は、建築家に相談してみましょう。

〔費用〕

● **設計・監理費**（4回目）
設計監理費のうち10～20%程度を支払います。
※上記は一例。設計事務所により異なる

● **上棟式費用**
祝儀代・酒肴代などで10～30万円程度ですが、地域性にもよります。行わない人も増えています。

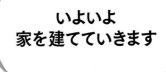

家づくり
10−12カ月目

13 完了検査

工事が終わると、検査機関や役所の完了検査を受けます。もし指摘事項があるような場合は、きちんと補正の工事をしてもらって引き渡しとなります。

14 完成(竣工)・引き渡し

完成するといよいよ引き渡しです。引き渡し書類を受け取り、設備機器の説明などを受けます。電話やインターネット引き込み工事など、建て主による手配が必要なことを確認しておくとよいでしょう。また、家具は完成前にすべて購入せず、住みながら広さと使い勝手を確認して揃えると失敗がありません。

〔費用〕

住宅ローンが最終的に実行される段階に合わせて工事費や設計料の残金を支払います。

● **設計・監理費**(5回目・最後の支払い)
引渡し時に設計監理費のうち、最終の支払い10%程度。
※上記は一例。設計事務所により異なる

● **工事費の支払い**(3回目+α)
完成時に工事費3回目の支払い30〜50%程度。引渡し時に工事費最終の支払い10%程度+追加工事分の支払いをします。

● **建物表題登記費用**
新築した建物について登記する建物表題登記が必要です。登録免許税はかかりませんが、土地家屋調査士へ依頼した場合、報酬として5〜10万円程度必要です。

● **所有権保存登記費用**
その建物の所有権が誰のものかを示すために所有権保存登記が必要です。登録免許税は建物の評価額の20/1000。手続きを代行する司法書士への報酬は4〜5万円程度です。

● **ローン契約**

● **火災保険料**
約2000万円の耐火住宅の場合、年1万円くらいから。ローン借り入れ年数に応じます。

● **地震保険料**
多くの金融機関で加入は任意。控除額については税務署に確認しましょう。

▶チェックポイント

保険会社を検討しよう!

かかる諸費用は多数あり保険会社によって異なります。金利だけでなく、諸費用も含めて保険会社を検討しましょう。
また、金利・団信保険料が借りた金額に上乗せされるので、ローン金額はなるべく抑えて現金で支払える分は支払う方がよいでしょう。ボーナス払いや、定期的な保険の見直しと乗り換えもお勧めです。

〔ローン契約のための費用〕

○ **抵当権設定登記費用**
金融機関からローンを受ける際に抵当権設定登記が必要です。登録免許税は融資金額の0.4%(長期優良住宅以外)。司法書士へ依頼した場合、借り入れ額により異なりますが報酬は5〜10万円程度です。

○ **融資事務手数料**
融資を申し込む際の手数料として金融機関に支払う費用で、金融機関により異なります。通常は融資金額から差し引かれます。

○ **印紙税**
ローン契約にかかる税金。借り入れ額によって金額は異なります。例えば1000万円超5000万円以下のローン契約なら印紙税は2万円。

○ **ローン保証料**
連帯保証人の代わりに保証会社を利用する場合に、保証会社に対して支払う費用で、ほとんどの人が保証会社を利用します。

○ **団体信用生命保険料**(団信)
加入が必要。加入していると、住宅ローンの返済途中で死亡、高度障害になった場合に、本人に代わって生命保険会社が住宅ローン残高を支払ってくれます。通常は金利に保険料が含まれています。

15 入居

〔費用〕

● **家具・備品購入費**

● **引越し代**

● **不動産所得税**
不動産を取得した場合に、新築1年以内に課される税金で評価額の4%。軽減措置については税務署で確認が必要です。

入居後にかかる費用

● **固定資産税**
毎年1月1日時点の土地と建物の所有者に対して課税されます。
土地の購入価格×0.6×1.4%が概算。

● **都市計画税**
毎年1月1日時点の、都市計画で指定されている市街化区域内の土地と建物の所有者に対して課税されます。

● **固定資産税の清算金**
(土地を譲り受けた場合)前の所有者に支払います。

16 アフターケア

引渡し後も、メンテナンスを通して建築家や工務店との付き合いは続きます。住まいは暮らしとともに変化していきますから、手入れのことや増改築の相談など、小さなことでも気軽に建築家に相談してみましょう。

To be Continued

建築家ならではの家づくり提案

建築家は建て主とのさまざまな対話を通して、その思いを最適な方法で叶えようとするばかりでなく、建て主が意識していなかったようなプラスαの提案を盛り込みます。ここでは、そんな建築家ならではの、ハウスメーカーには真似のできない、家づくりについての「プラスα」の提案を紹介します。

石積みのロフトとつながるリビング

愛知

一緒に創造する

髙橋純也｜Ju Design 建築設計室

建築家ならではというと、この世に一つしかない面白い（楽しい）家をつくるということだと思います。

　その中で私が特に心がけていることは、自分の色よりもできる限り住まわれる方の色を、どのようなものを望まれていて、どのような空間だと楽しんで生活してもらえるか、それらを読み取っていくことだと思います。そして色々なところに居場所ができるような提案を目指しています。

　プランニングでは空間を把握してもらうためにCGでは無く、簡単なスケッチを書きます。技術がないと言えばそれまでですが、リアルでないことが返って想像しながら一緒に家づくりをしていると感じていただけると思います。徐々に形ができあがり、家が完成したときはスケッチと同じになったと言っていただけます。とは言え作られる形はどことなく一貫性があるので、色を混ぜているというのが適切かもしれませんが、住まわれる方の考えを大切に設計しています。

愛知

暮らしの軸と住まい方の可能性

謡口志保｜ウタグチシホ建築アトリエ

家づくりは、自分と家族の暮らしや大切なものを丁寧に見つめる機会だと考えています。私たちは、そのひとつひとつに一緒に向き合っていく仲間のような存在です。

　クライアントの暮らし、敷地、周辺環境、予算、法規制など様々な条件を包括するコンセプトを提案し、それを軸に設計を進めていきます。

　そのコンセプトとは、無秩序に見える数字に法則性を見出す公式のようなものかもしれません。建築家と出会ってから、実際に住み始めるまで一年以上の時間が必要ですが、その長い時間の中で考えが変わったり迷ったりすることがあります。しかし、計画にしっかりとした軸があれば、いつでもそこに戻ることができます。

まちに調和する設計

　そして、選定しようとしている土地が、住まい手にあった住宅を建築するのに相応しいかどうか見極めたり、新築以外にも増改築やリノベーション、既存建物の活用など幅広い選択肢を考えることができます。「住まい方」について広く深い視野で、さまざまな可能性を模索できるのが建築家ならではです。

言葉にならない気持ちを確かめるための模型たち

愛知

住まい手の思いをすくいとること

丹羽哲矢＋丹羽倫子｜clublab.（クラブラブ）

住まいづくりをするときに、わたしたちがこだわっているのは、施主がどんな人で何に喜び、悲しむのかを感じとることです。その人が培ってきた何十年かの物語をひとりひとりが持っていて、そこからその人の感性は形作られているからです。

　その人となりを感じとることで、どのような時間の過ごし方ができる場をつくるべきかが見えてくるのです。それは些細な会話から気づくことがあります。多くの場合、はっきりとした要望よりも、何気ない一言にこそ、本当の気持ちがこめられているように感じます。

　機能的で具体的な要望もあるでしょう。しかし、それらが住まいの骨格をつくってくれるとは限らないのです。もちろん、住みづらい住まいは結局愛着が持てないものとなりがちですし、使い勝手などの機能は満足するべきだと思っています。でも、それだけでは何かが足りないように思うのです。

　施主の中にある、むしろ断片的で、たよりなく思えるイメージには、言葉にできない何かが含まれていて、それら言葉にできないけれど、確かに存在する固有のイメージたちをすくいとること、それらを住まいという空間としてまとめあげることが、建築家に求められているのだと思っています。

長野

コミュニティーの復活

俵 周次郎｜Atta一級建築士事務所アトリエta

平成は災害の多い時代でした。特に阪神淡路大震災、東日本大震災という未曽有の大災害がありました。大きな災害が起こるたびに建築家の間ではコミュニティーがいかに重要であるかということが問題視されます。しかし、その教訓は生かされないまま家の建ち方は変わっていないように感じます。

特に都市部においては核家族化が進み、共働きで日々忙しく、近隣との付き合いができないという現状があると思います。そうなると周囲との関係を遮断し、セキュリティーを強化して孤立する道を突き進むことになります。

一方で地方の少し郊外に行けば、昔ながらのコミュニティーが残っている場所はたくさんあります。そのような地域は大抵、敷地の境界は曖昧で出入りは自由。玄関に鍵など掛かってなく、近隣の人々は助け合いながら生活をしています。

すべての場所でこのような関係を築くことは不可能かも知れません。面倒なこともあるかも知れません。高い塀やフェンスを設けずに、まずは地域に新しい家を開いていくことを意識していけば、徐々に地域のコミュニティーは復活すると信じています。せめて向こう三軒両隣くらいは仲良くしたいものです。それぞれの家の軒下に縁側でもあればそれは立派な共用空間となると考えています。

縁側は地域の公共空間

静岡

コミュニケーションを通してのデザイン

戸川賢木｜一級建築士事務所SAKAKIAtelier

心地よいデザインは設計者の感覚によってのみ生まれる、と言うものではありません。建築行為は、建て主との対話、家族構成、土地の形状、周辺環境、法規制、地域特性等、様々な条件を加味して形づくられていくものです。それらは全てがコミュニケーションといえます。建て主との対話以外も諸条件とのコミュニケーションです。

私は、コミュニケーションの量がデザインの質を高めると考えています。一見した「心地よい」「かっこいい」と言った表面的なものではなく論理に裏打ちされた質の高いデザインを提供したいと考えております。そのために、コミュニケーションが欠かせないのです。

「論理的に考え論理を超えた感性的なデザインを創る」そんな建築を日々思考しています。そのデザインにどのような思いがあるのか、論理があるのか、是非コミュニケーションを通して共有しましょう。きっといい住まいづくりになるはずです。

リビングCG。
太陽光の動きも
シュミレーションできる

玄関土間CG。
生活に必要な
家具まで表現し
プレゼンできる

石川

植栽で「緑」を取り込む暮らし

堀岡康二｜堀岡康二建築設計事務所

私たちは、住宅の設計をするときに、植栽や外構の提案も大切に考えています。

暮らしの中の「緑」は、季節の移り変わりを自然に感じ、生活を豊かにしてくれます。また、自分たちの暮らしだけではなく街並みの景観にも彩りを与えてくれます。

そして、植栽は住まいを緑に彩るだけではなく、外からは内部のプライバシーを隠し、内からは外部の見たくないものを隠す役割もあります。

外構をデザインするときは住まいとの関係性において、高い木を選ぶのか低い木を選ぶのか、四季を通して緑の移ろいを感じられるか、など植栽が役目を果たせるかということも重要な要素です。

私は暮らしの中で、初夏の柔らかい光を通して鮮やかな緑に木々が芽吹く、新緑の季節が好きです。私たちが設計した家の前で、だれかがふっと立ち止まって、緑あふれる住まいを眺めてくれるような家をこれからも造っていきたいです。

街並みの景観を彩る緑

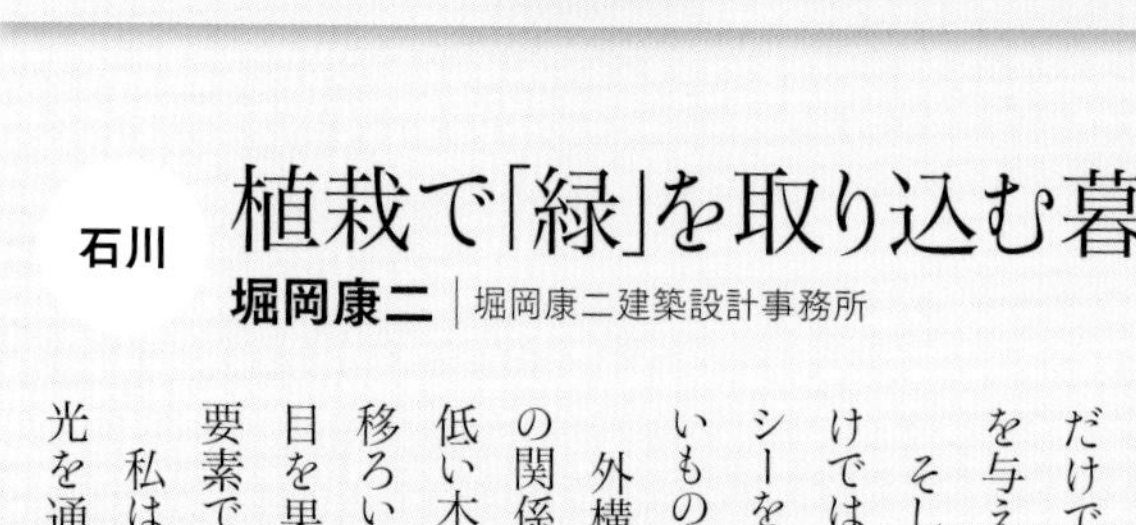

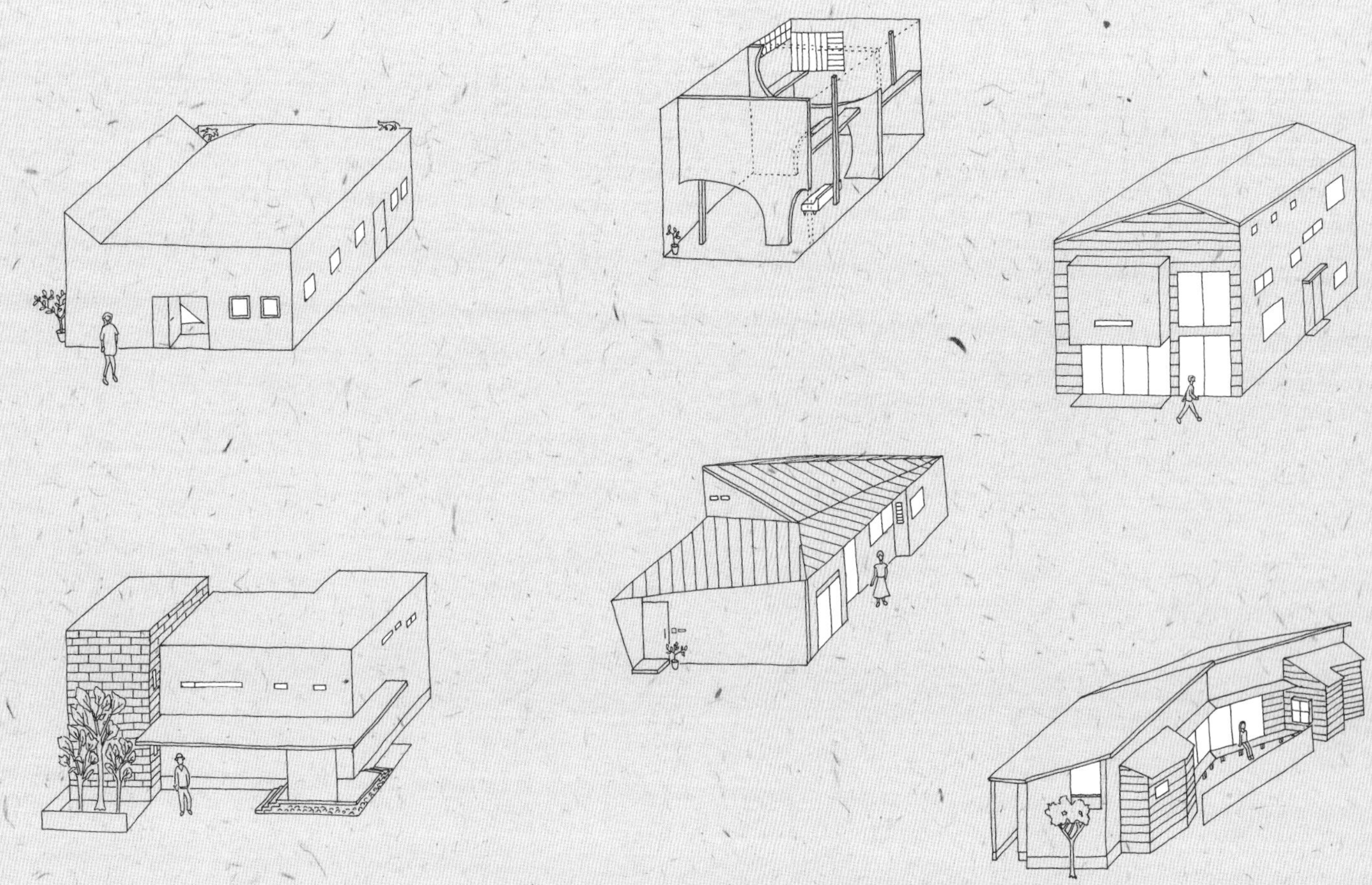

中部地方の若手建築家とつくる家

A House You Build with an Architect under the Age of 50 in Central Japan

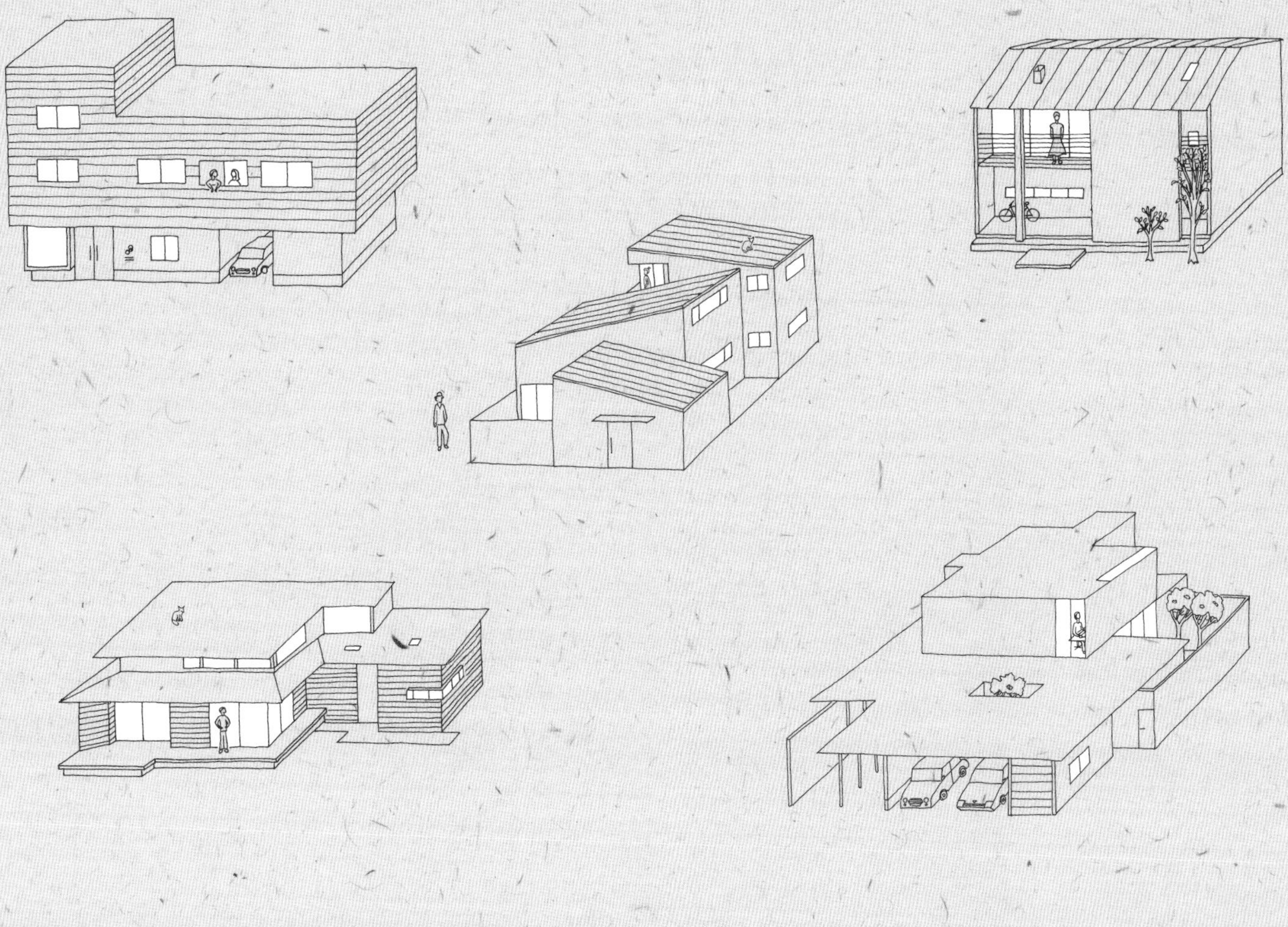

好きなものを感じながら暮らす。

case 1

Ju Design 建築設計室

ONe -オネ-

- 家族構成……夫婦
- 所在地……愛知県丹羽郡

石積みのロフトとつながるリビング

建築主が要望した点

お施主様はご夫婦ともに登山とお酒を嗜むのが好きで、それらを生活に入れ込みたいと希望されていました。また間取りとしてはご夫婦２人で住まわれるので、ＬＤＫと寝室のある平屋にちょっとした畳コーナーやロフトが欲しいという要望で計画が始まりました。

敷地の環境を見ていくと、東側に交通量の多い高架道路がありながら生活道路は西側と２つの道路に面していて、南側は畑、北側は住宅が建つ東西に長い台形の土地でした。高架道路は特に夕方になると渋滞するので視線、音、光が気になり、この部分を意識して計画する必要があると考えていました。

建築家が工夫した点

台形敷地だったことから、駐車場や庭をつながりたい場所に無駄なく配置するように建物に２つの軸を作りました。この２つの軸とロフトを持つ内部構成が２つの屋根を作り、意識していた高架道路に対して屋根を使って塞ぐ形状となりました。また外壁とずれた屋根は高架道路に塞ぎながらも外と内をつないで開放感を作っています。希望されていた趣味の空間はロフト部分が山小屋を意識した造りとなっていて、備付のダイニングテーブルを囲うようにワイングラスを掛ける吊り棚やワインラックを作りました。また登山道具を手入れするため玄関とつながる土間を作り、畳コーナーが一体となって使える提案をしました。

建築家のプロフィール

高橋純也《たかはしじゅんや》
1980年 愛知県生まれ／2003年 名城大学理工学部建築学科卒業、建設会社入社、工事部で現場監督を経て設計部へ／2007年設計事務所入社／2013年 Ju Design建築設計室設立

家を建てる人へのアドバイス

家を建てることは生活が大きく変わる分岐点です。そんな家づくりは楽しいものであってもらいたいとお手伝いする中で、居場所づくりをしていくことを僕は大切にしています。どのように生活が営まれているか、空間のつながり方やそこから見える姿をイメージしながら付加価値を落とし込んでいきます。曖昧な手書きスケッチを多用しますが、互いに想像しながら楽しんで家づくりをさせて頂いていると感じています。

●**Ju Design 建築設計室**
愛知県江南市宮後町砂場東301 メゾン深山3A
（アクセス：名鉄犬山線 江南駅から徒歩10分）
TEL：0587-53-2188　FAX：0587-53-2188
E-mail：ju.takahashi@judesign-archi.com
URL：https://www.judesign-archi.com/
業務時間（休業日）／ 9:00 ～ 18:00（日・祝）
設計・監理料／総工事費の約10 %
住宅以外の設計／集会住宅、店舗、事務所 等

その他の設計作品

◎包み込む
LDK

◎ww
外観

上／隠れ部屋のようなロフトから見るLDK
右／バーを感じるダイニングテーブル
左／玄関から木の箱を囲ってつながる土間空間

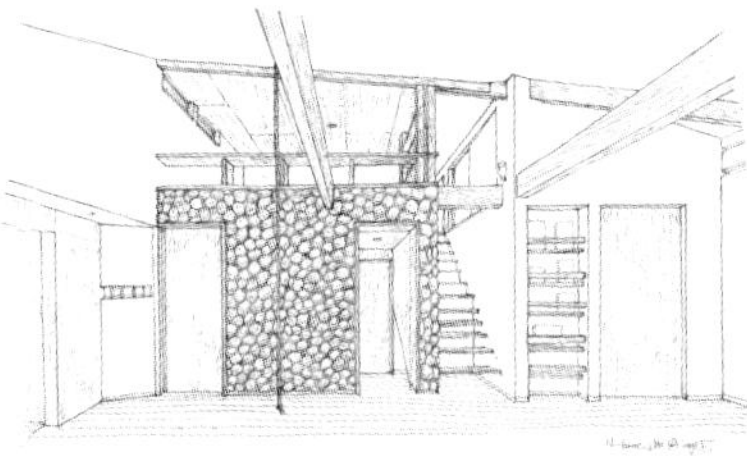

「ONe」の計画中LDKスケッチ

西側外観。外壁とずれた屋根が軒下空間を作る

高架道路を意識して閉じた屋根を持つ建物

設計データ
- 敷地面積…214.00 m^2
- 延床面積…90.30 m^2
- 用途地域…第1種住居地域
- 構造・規模…木造在来工法
- 設計期間…2016年2月～2017年3月
- 工事期間…2017年4月～2017年11月
- 施工会社…大薮建設株式会社

case 2

haco建築設計事務所

諏訪の家

●家族構成……夫婦
●所在地……愛知県愛西市

温もりと安らぎを感じながら生活ができる家

建築主が要望した点

計画地は二方向の道路に面している角地で、敷地を取り囲むように2本の大きな桜の木と緑豊かな植栽に囲われている比較的大きな敷地でした。

今まで住んでいた住宅の老朽化にともない建て替えを考えたクライアントは、長年手入れしてきた植栽をそのまま生かして、敷地や周辺環境に違和感なく溶け込むような外観、家事をするときの使い勝手の良さ、今まで保管してあった大容量の所有物を収納できるスペース、広くて明るい開放的な室内、そして何よりも温もりと安らぎを感じながら生活できる住宅を望んでいました。

建築家が工夫した点

建物は2階建てですが高さを抑え平屋建てのように見せており、木板張りの外観にすることで庭の植栽に溶け込むように配慮しています。内部はテラスも含めて自由に回遊することができて目的地まで最短距離で移動できます。リビングは吹抜けを設けて2階と繋ぐことで開放感と一体感を与えています。そして木板を多く使用することで素材による温もりを感じ、リビングの柔らかなうねり模様を施した左官壁が日常生活に安らぎと豊かさを与えてくれます。窓を多く配置した各室内は明るくなると同時に、ふと外を見た時に植栽が目に入るようにしています。一年を通して四季の移り変わりを楽しめる住宅となっています。

自然光を調整する深い軒とリビングに繋がる回廊テラス（撮影：堀 隆之）

建築家のプロフィール

羽柴順弘《はしば よしひろ》

1999年 名古屋芸術大学美術学部デザイン科SD専攻卒業／1999年（株）バウハウス丸栄勤務／2003年（有）矢田義典設計室勤務／2008年 haco設立／2010年 一級建築士事務所へ登録変更、haco建築設計事務所へ改称／2018年– 大同大学情報デザイン学科非常勤講師

家を建てる人へのアドバイス

十人十色のライフスタイルがあるように、人にはそれぞれこだわりある住まいのカタチがあります。私達はコミュニケーションを大切にしながら、4つの設計方針である「自由な発想」「心地よい空間」「独創的なデザイン」「素材と細部へのこだわり」を軸に、こんな家に住みたいな、こんなことができたらいいな、などクライアントの思いや考えを実際のカタチにしていきます。

● haco建築設計事務所
愛知県愛西市諏訪町郷浦49-1
（アクセス：名鉄津島線 藤浪駅から徒歩10分）
TEL：0567-55-8348　FAX：0567-55-8348
E-mail：info@haco-office.com
URL：http://www.haco-office.com
業務時間（休業日）／9:30～18:30（土日 ※対応可）
設計・監理料／総工事費の10％
住宅以外の設計／店舗、事務所 等

その他の設計作品

○一色白山の家
ワンルーム形式とした間取り

○魚津の家
立派な梁や柱を生かした小民家再生

○西古券の家
シンプルかつ印象的な外観

木の温もりを感じる開放的なリビング・ダイニング

上右／吹抜けを介して2階からも植栽が望める
上左／吹抜けから続く天井が特徴的な2階の洋室
下右／光の演出で表情が変わる柔らかなうねり模様の左官壁
下左／庭の植栽に溶け込む木板張りの外観

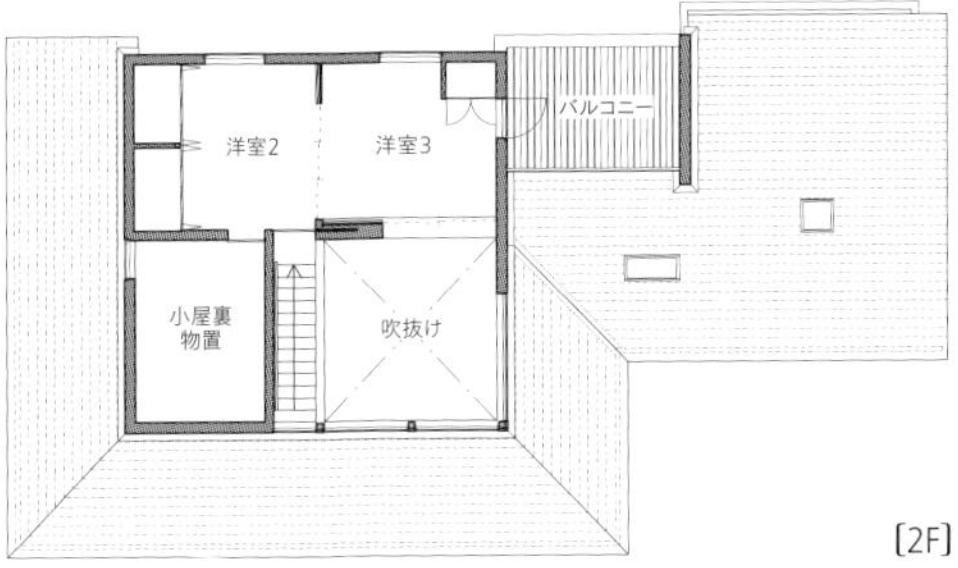

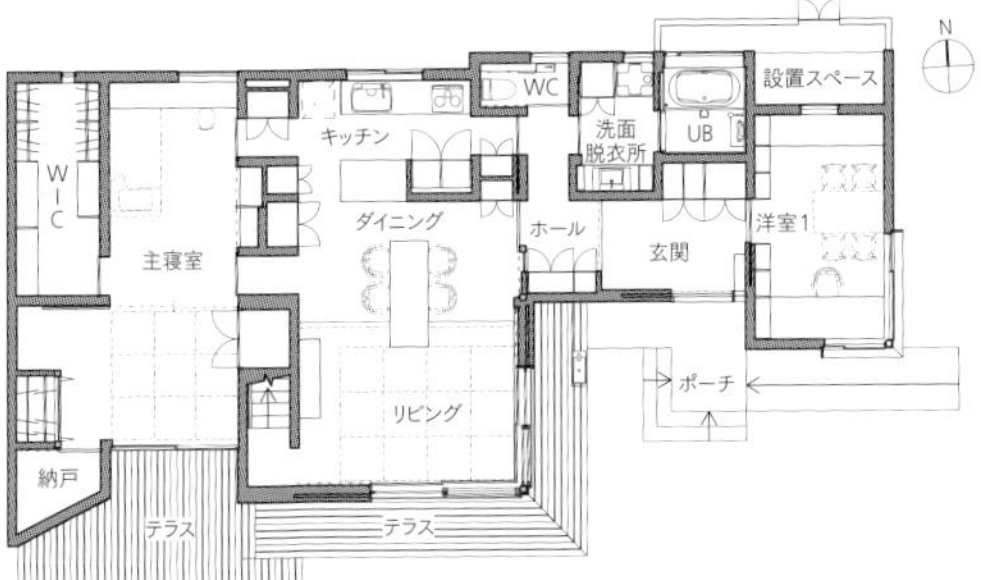

設計データ

- 敷地面積…425.38m^2
- 延床面積…141.25m^2
- 用途地域…第1種住居地域
- 構造・規模…木造軸組工法
- 設計期間…2013年1月～2013年10月
- 工事期間…2013年11月～2014年8月
- 施工会社…高井建設 株式会社

プライバシーを保ちつつ大きな空間の居場所

case 3

ウタグチシホ建築アトリエ

3つの屋根と3つのニワの家

- 本体施工費……3,000万円
- 家族構成……夫婦＋子ども2人
- 所在地……愛知県春日井市

吹抜けを見上げる。大きな空間の中にさまざまな居場所がある。（以下撮影：谷川ヒロシ）

建築主が要望した点

敷地は愛知県春日井市のほぼ中央に位置する住宅街。周辺はカーポート付の2階建住宅が多く、垣根や塀に囲まれているというよりは比較的まちに開いて建築が建ち並んでいます。しかしながら、住戸内のプライバシーを確保するために、昼間もカーテンを閉め切っていたり、内部と外部が隣地境界線と平行に固く隔たれ、内と外の関係性が希薄な印象を持ちました。初めて敷地を訪れた時に、このような周辺環境の中で程よい外部空間を生み出したいと感じていました。クライアントからの要望の1つに、子供の遊び場や家事、作業などを行う場所としての「少し閉じた外部」がありました。特にそのことに着目し、必要な各スペースとこの外部空間との良好な関係性を配慮して計画を進めました。

建築家が工夫した点

建築の骨格として3つの屋根と「天井のない部屋」の様な3つニワを提案しました。まずは、全体のボリュームを3等分し、ゾーニング分けをする。次に建築の輪郭を維持しながら、内部空間と外部空間をそれぞれの機能的な関係性を考慮して互い違いに配置する。この操作によってどの部屋もニワに接するため、プライバシーと隣家との距離をしっかり保ちながら大らかに生活することが可能となります。また、切妻や寄棟が多いまちなみの中で、山並みの様にリズミカルにかかる屋根は周囲へのボリューム感を軽減すると共に、内部空間に抑揚と小さな地形を生み出し、住宅の中にさまざまな心地よい居場所作り出しています。

建築家のプロフィール

謡口志保《うたぐち しほ》

1977年 鳥取市生まれ／2000年 名古屋市立大学芸術工学部卒業／2002年 名古屋大学大学院工学研究科修了／2002–06年（株）INA新建築研究所／2008年 ウタグチシホ建築アトリエ設立

家を建てる人へのメッセージ

住宅は日々の暮らしの軸となる場所です。居心地がよく機能的なのはもちろんのこと、住まい手自身の魅力やその土地の美しさを改めて伝えることができる建築をじっくり丁寧に作っていきたいと考えています。

私はこんな家に住んでいます

家の中でキッチンが一番好きな場所です。中古マンションをスケルトンにして、フルリノベーションした自宅の中心にあります。

●ウタグチシホ建築アトリエ
愛知県名古屋市守山区小幡中1-22-13-501
（アクセス：名鉄瀬戸線小幡駅から徒歩10分）
TEL：052-718-0476　FAX：052-308-5059
E-mail：uta@utalier.com
URL：http://www.utalier.com/
業務時間（休業日）／ 10:00 ～ 18:00（日・祝）
設計・監理料／総工事費の約10%
住宅以外の設計／店舗、建築一般

その他の設計作品

◎窓辺の家
中古マンションのリノベーション

上／「痕跡」をテーマとしたプロジェクト
下右／既存の造作を白色塗装で抽象化させた
下左／回遊性と可変性を生み出す「へそ収納」型プラン

ライブラリーから寝室の入口を見る。小さな地形が空間を繋ぐ。

右上／ダイニングからイマニワを見る。「天井のない部屋」のような場所
右下／リズミカルにかかる片流れ屋根が特徴のファサード
左上／キッチンに隣接したカジニワの向こうに借景の緑を望む
左下／寝室から見る周辺の風景。屋根が見られる特別な場所

設計データ

- 敷地面積…291.18 m^2
- 延床面積…142.44 m^2
- 用途地域…第1種中高層住居専用地域
- 構造・規模…木造・地上2階建
- 設計期間…2016年12月～2017年10月
- 工事期間…2017年11月～2018年5月
- 施工会社…誠和建設株式会社

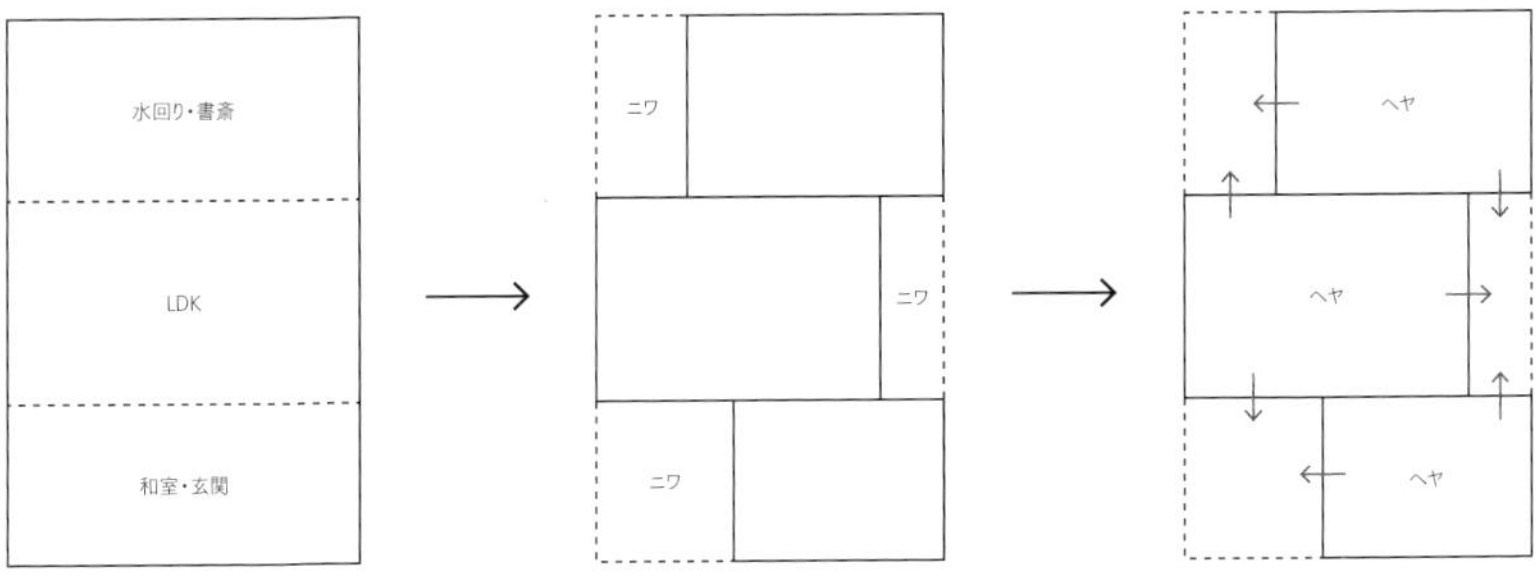

［ダイアグラム］

ひとつながりの大きな空間を
単純な仕掛けで豊かにする

case 4

clublab.

清須の住宅
Wall of the space

● 家族構成……夫婦＋子ども3人
● 所在地……愛知県清須市

玄関から、並んだ壁越しにテラスまで見通す（撮影：多田ユウコ）

建築主が要望した点

名古屋市に隣接する清須市内に新しく整備された県道に面する敷地です。周辺では田畑が宅地化され急速に住宅が建ち並ぶようになっており、各住宅の敷地が比較的小さいため周囲の住宅が境界線ギリギリまで建て混んでいる状況でした。お施主さんは家族の変化に柔軟に対応する、多様な場のある家を望んでいました。夫婦は二人とも趣味が多彩で、魅力的なモノをたくさん持っていて、モノと家族が、にぎやかに暮らしを楽しむ、そんな景色が連続しながら変化していくような住宅をつくろうと僕らは考えました。

建築家が工夫した点

まず、家族全員の気配がどことなく感じられるよう、ひとつながりの大きな空間の平屋建としました。南の連窓やテラスが光や風を入れ、北に並ぶ小さな窓からは外の通りが見えて、ワンルームの中に、光や風や見える景色の分布が生まれるようになっています。

次に大きな空間に逆台形の壁を4枚並べて、空間に流れとリズムをつくり、大きい場所と小さい場所、流れる場所と溜まる場所がゆるくつながりつつ、そこに自由にモノが置かれ、飾られて、空間が色付けされるように考えました。

壁は下側が斜めにカットされることで、視点の動きにより、つながりが繊細に変化していくので、その時の気持ちに合わせて居場所をちょうどよく選び取れるようになっています。

建築家のプロフィール

丹羽哲矢《にわ てつや》

1994年 京都大学卒／1996年 京都大学大学院博士前期課程修了／久米設計勤務／2008年 clublab.事務所開設

丹羽倫子《にわ りんこ》

1995年 名古屋工業大学卒／2017年 同大学大学院博士前期課程修了／2008年より clublab.

受賞歴●
すまいる愛知住宅賞・中部建築賞（2013年、「稲沢の住宅」）
中部建築賞（2014年、「豊田の住宅」）
グッドデザイン賞（2016年、「清須の住宅」）

家を建てる人へのアドバイス

家には記憶がやどります。家族みんなの営みの中で、こどもたちがイキイキと過ごし、日常の何気ない出来事にも様々な気づきや発見があるような住まいをつくりたいと思っています。また、単純な仕掛けで豊かな空間性が生まれ、それが家族や訪れる方によい影響を与えるような住まいをつくるよう心がけています。家族に寄り添いながらも、新たな普遍性をもつ住まいの原型を生み出せるよう設計に取り組んでいます。

●clublab.
名古屋市千種区向陽1-3-6　グリーンハイツ向陽302
（アクセス：地下鉄東山線池下駅より徒歩8分）
TEL：052-761-2442　FAX：なし
E-mail：info@clublab.net
URL：http://www.clublab.net/
業務時間（休業日）／10:00～19:00（土日祝日）
設計・監理料／延べ面積（坪数）×10万円程度
住宅以外の設計／ホテル、病院、学校

その他の設計作品

○稲沢の住宅
上／外観
下／ピアノステージから中庭越しにリビングをみる

○豊田の住宅
ダイニング上部の大きな天窓

スペース2と3の壁を挟んで会話をする

上右／スペース3から南側窓方向をみる
上左／テラスにつながる明るいスペース1で遊ぶ
下右／ひとりで過ごすのにもちょうどいいユーティリティ
下左／街並に空間を生み出す平屋の姿

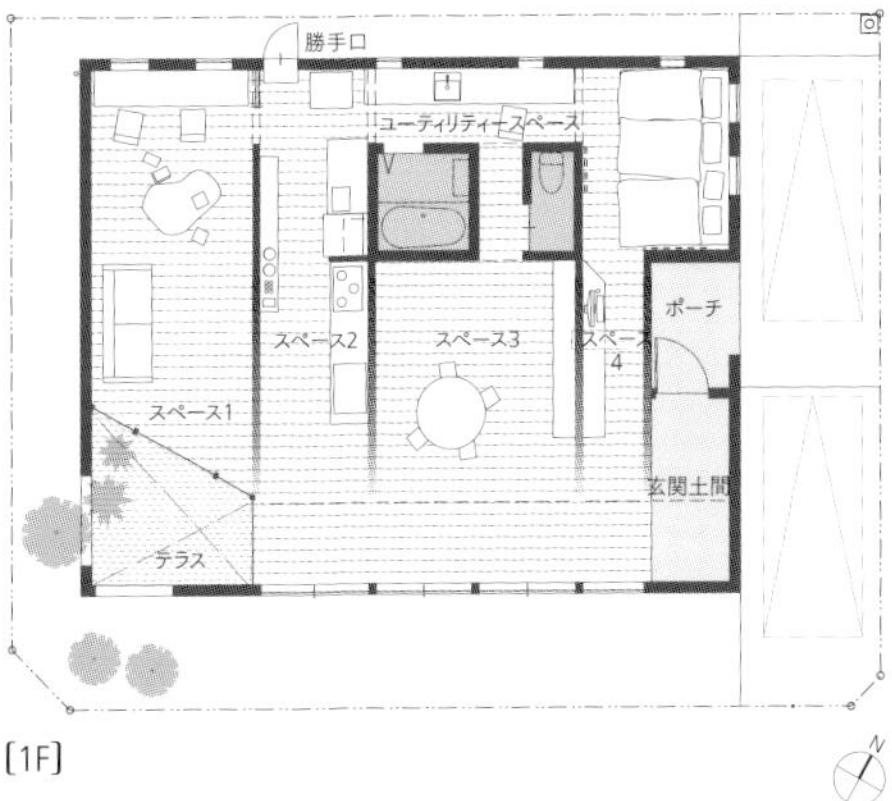

［1F］

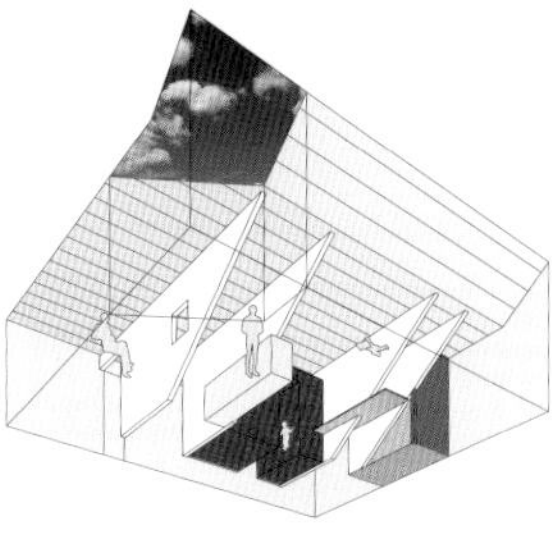

下からの見上げパースと屋根からの鳥瞰

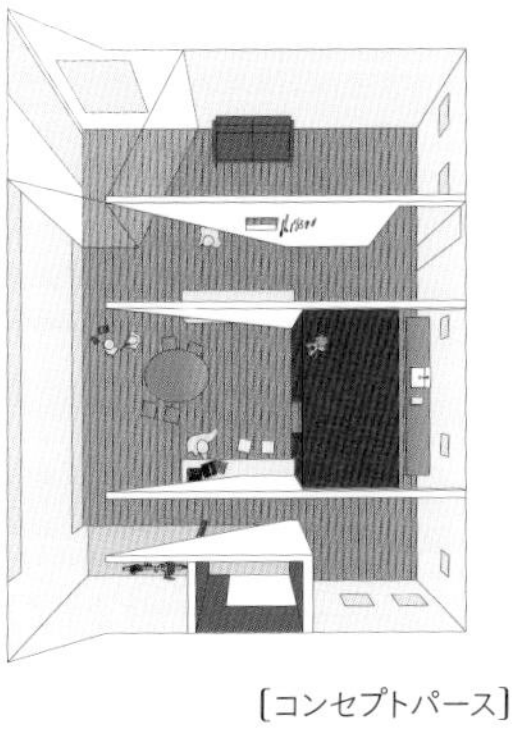

［コンセプトパース］

設計データ
- 敷地面積…171.71m²
- 延床面積…87.46m²
- 用途地域…第1種中高層住居専用地域
- 構造・規模…木造・在来工法
- 設計期間…2014年8月～2015年5月
- 工事期間…2015年6月～2015年12月
- 施工会社…Qoolas（クーラス）＋Isaji House Company

大切な時間とゆったりすごす
平屋のセミコートハウス

case
5

松原建築計画

善光寺南の家

●家族構成……夫婦
●所在地……愛知県稲沢市

樹脂モルタル＋塗装と板金を組み合わせた外観。角地の東西に長い好立地です
（撮影：堀隆之写真事務所）

建築主が要望した点

土地探しのご相談からはじまりました。ゆったりとした時間の流れを大切にされているクライアントに合う、少し駅から離れている敷地ではありますが、養老山脈を望むのどかで空の広い東西に長い角地の敷地が見つかりました。住まいに対する考え・ご要望はわりとはっきりお持ちで、将来を見据えた平屋建ての中庭を囲むプライバシーの高いコートハウスを希望されていました。家のどこにいても四季折々の自然を楽しめる住まい。年を重ねるごとに経年変化楽しめる素材そのものの良さを生かした住まい。自分たちの手で作り込める、余白を残したシンプルな住まいを希望されていました。

建築家が工夫した点

東西に長い台形の敷地の中で、駐車場やアプローチの位置・バランスを考えた中、くの字型に折れる建物の配置と塀で庭を囲むセミコートハウスとしました。家のどこにいても四季の変化を楽しめる中庭を中心としたプランとなりました。別々の作業をしていても家族の気配を感じる事が出来る配置。庭に繋がる大きな開口と縁側によりコンパクトな居間・食堂も一体感のある開放的な明るい空間となっています。家具・棚や建具など必要最小限にとどめ、生活していく中で作り込んでいく余白を意識しています。クライアントと共に時間を掛けて検討・打合せを重ねてこの形にたどり着きました。作り手の参加する現場が始まってからも含め、楽しくも有意義な時間となりました。

建築家のプロフィール

松原知己 まつばらともみ

1974年 愛知県生まれ／1997年 愛知工業大学卒業／1997–2000年 加藤設計／2000–2008年 久保田英之建築研究所／2008年 松原建築計画設立／2010年 すまいる愛知住宅賞愛知県知事賞受賞

家を建てる人へのアドバイス

家族の喜びや安心を叶える設計を住まい手と共に考えて行きます。内と外との繋がり、風の流れや、光と闇の関係、素材本来の力を大切にしながら、魅力ある豊かな空間を目指します。家族や友人が集い、その時間を楽しみ、分かち合うことで人生はより豊かなものになっていきます。地に根差して生活の重心を低くする、内と外を繋ぎ自然を取り込み季節の移ろいを身近に感じる豊かな生活を大切に考えています。

その他

新しい計画や現場が始まるとその町の散策・街歩きをしています。

街の歴史や食べ物、自然環境など新しい発見を楽しみ、設計に生かせると良いと考えています。

●**松原建築計画**
名古屋市守山区上志段味羽根476
TEL：052-700-6911　FAX：052-700-6912
E-mail：info@matsubara-architect.com
URL：http://matsubara-architect.com/
業務時間（休業日）／ 9:00 ～ 18:00（不定休）
設計・監理料／工事費の10 ～ 12 ％

その他の設計作品

○左京山の家
玄関を兼ねた大きな木建の開口を有したテラス。
コの字型のプランでプライバシーを守りながらも庭の自然を取り込む

○呉服町の家
短冊状の敷地、2世帯の住まい。通り土間・中庭・坪庭で効率よく光や風を取り込み季節の移ろいを感じる

○美里の家
庭に面する大開口と縁側。庭を介して玄関にアプローチする動線

石張りのアプローチ。庭仕事の合間に一休み出来るコンクリートのベンチを設けた

養老山脈方面を望む大きなガラス開口と季節の移ろいを楽しむ植栽

上／くの字型の建物と塀で庭を囲みプライバシーを守るセミコートハウス
下／大きな木製建具と縁側で庭と一体化した空間。一部小上がりはうさぎのスペース

設計データ

- 敷地面積…200.39 m^2
- 延床面積…94.33 m^2
- 用途地域…第一種住居地域
- 構造・規模…在来工法
- 設計期間…2017年2月～2017年9月
- 工事期間…2017年9月～2018年6月
- 施工会社…（有）藤里建築工房

中庭を囲むように配置した家族の書斎コーナー

暮らしと仕事を快適につなぐ家

case 6

株式会社コンパス／浅野翼建築設計室

下岡本の家／SADAYUKI JOUSHIMA

●家族構成……夫婦＋子ども2人
●所在地……岐阜県高山市

上部は重厚感を、下部は軽さを表現。はね出した2階の床はそのまま1階店舗の庇となる

建築主が要望した点

「独立して自分の花屋を始めたい。」長く花屋で勤務されていたお施主様のご相談から、この設計は始まりました。話をすると、花屋・家族4人で住む住居・備品等を収納する倉庫という3つの大きな機能を満たす必要があることが分かりました。

敷地は国道沿いの目立ちやすい場所にあります。花屋に多くのお客様に来ていただけるような、通りかかる人の意識に残る外観デザインにするべきであると考えました。また、住居としての快適性やプライベート性を確保しながらも、建物内で各機能をつなぐ効率の良い動線を計画することが重要な設計ポイントとなりました。

建築家が工夫した点

明るい空間という要望を踏まえ、ＬＤＫや居室には大きな窓を計画しました。箱型の外観に合わせ、サイズを揃えた窓が等間隔に配置されるようプランを調整しています。花屋の入口付近には、外から店内が見えるよう大きなＦＩＸ窓も設けました。

お店としての顔を際立たせるため、住居玄関は外から見えない1階ピロティ空間の奥にあります。玄関から2階へ上がるとそこは家族の場。一体空間のＬＤＫやぐりと回遊できる子供室、水廻りスペース等があります。3階には夫婦の主寝室や日当たりのよいランドリールームを計画しました。

4つの階段によって花屋・住居・倉庫の機能が効率よく分けられ、快適に行き来できる設計となっています。

建築家のプロフィール

浅野翼 あさの つばさ

1982年生まれ／高校在学中に宮崎駿に憧れて芸術大学を目指し、名古屋造形芸術大学（現名古屋造形大学）の建築空間デザイン学科に入学。名古屋市内の設計事務所への勤務の後、一年間の旅に出発。旅の最中に独立を決意し、2014年に故郷にもどり浅野翼建築設計室を開設

家を建てる人へのアドバイス

うまく言葉にできなくても良いので、まずは建築家へ思いの丈をぶつけてみてください！きちんと打合せを重ねていけば、きっと納得できる家づくりとなるはずです。

今、興味のあることはなんですか？

子供たちの成長やこれからについてです。我が家には二人の男の子がいますが、本当に賑やかでどこにそんなエネルギーがあるのだろうと感心するほどです（笑）。

●株式会社コンパス／浅野翼建築設計室
岐阜県高山市江名子町2388
（アクセス：JR高山本線・高山駅より車で約10分）
TEL：0577-57-9115　FAX：0577-57-9116
E-mail：tsubasa@at-architect.net
URL：https://www.at-architect.net
業務時間（休業日）／ 9:00 ～ 18:00（日）
設計・監理料／要相談
住宅以外の設計／飲食店、物販店、宿泊施設など

その他の設計作品

○花岡の家
上／積雪に対応した大きな三角屋根
中／正方形の平面プラン、シンメトリーな屋根と外壁
下／勾配天井による、風通しの良い自然換気

上／外観バランスから決定した窓による、明るい居住空間
下右／リビング奥に続く回遊できる子ども部屋
下左／玄関内で分かれる1階花屋と2階住居への動線

吹抜け壁一面に貼られる、
荒く仕上げられたナラ材

大きく吹き抜けた花屋、
2階には喫茶スペースも併設

設計データ
- 敷地面積…214.60 m^2
- 延床面積…245.06 m^2
- 用途地域…準工業地域
- 構造・規模…木造在来工法・地上3F
- 設計期間…2017年4月～ 2018年11月
- 工事期間…2018年4月～ 2018年11月
- 施工会社…あきら建設

国道を走る車からの見え方を
重視した外観デザイン

case 7

C lab.タカセモトヒデ建築設計

抜け道沿いのフロートハウス

家族が安心してすごし
木材との相性もよく落ち着いた空間

- 本体施工費……非公開
- 家族構成……夫婦＋子ども2人
- 所在地……三重県伊勢市

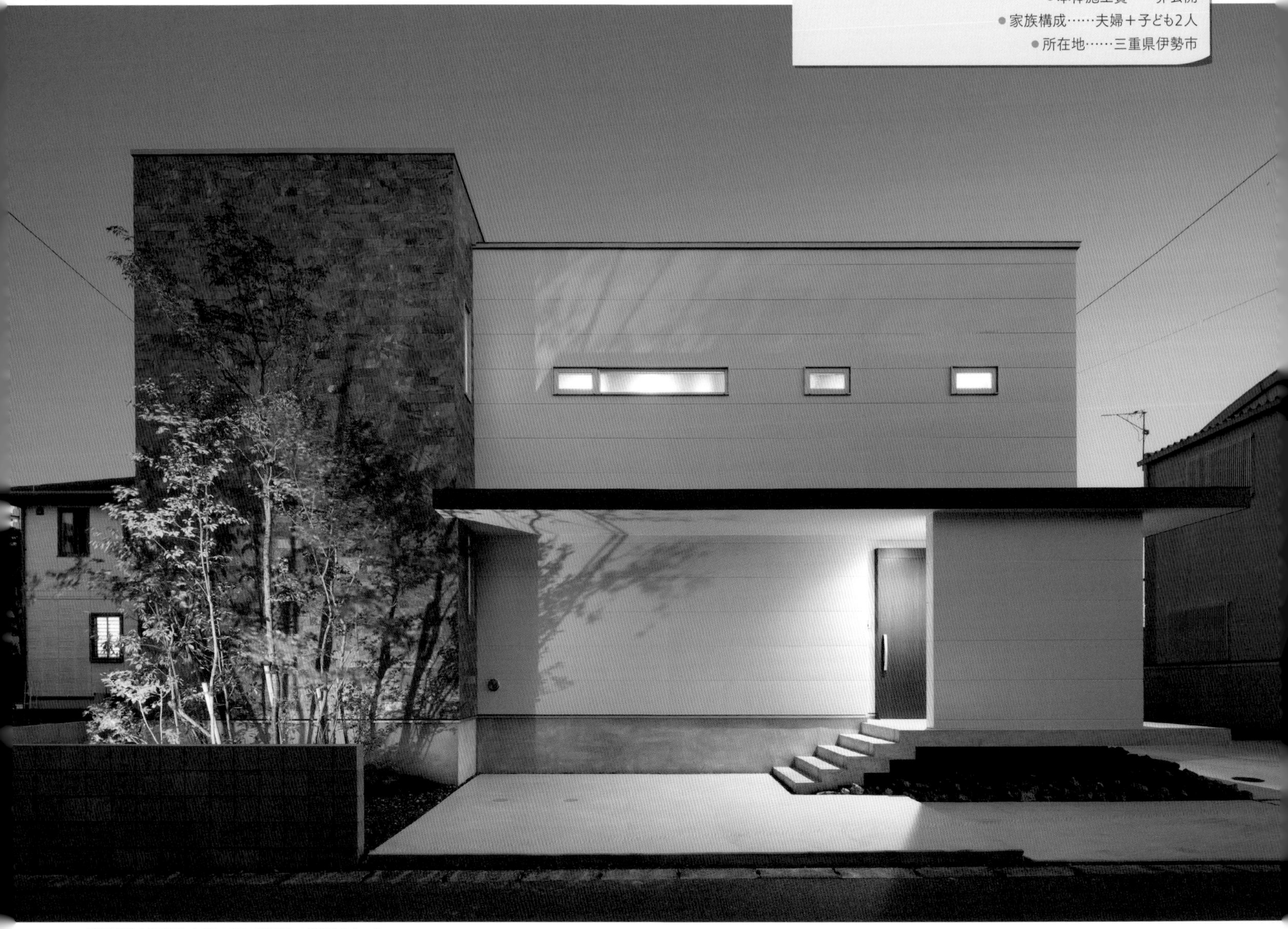

道路面は必要最小限の窓で外部との距離をとった。

建築主が要望した点

敷地は商業エリアから道を一本入った住宅地にありますが、タクシーが抜け道として多く通る道路に面しています。商業エリアの喧騒が流れ込んでくるような雑然とした周辺環境に対し、安全性やプライバシーの確保、建物の隙間から見える景色の獲得など、悪条件でも家族が安心してゆっくり過ごすことのできる住まいを実現することが求められました。

またこのエリアは過去に水害を受けたことがあるエリアでしたので、敷地をかさ上げする等、なんだかの水害対策も要望されました。

建築家が工夫した点

雑然とした周辺と距離をとり、また水害対策にもなるよう床の高さを通常より高く設定しています。玄関スラブも地面から浮かせ、道路と心理的な距離をとるようにしました。

住まいのメインとなるＬＤＫは眺望・日当たりの観点からも2階に配置し、バルコニーを併設させています。バルコニーの壁が隣家からの視線をさえぎってくれるので、カーテンを開け放って遠くの山々を眺めることができます。

インテリアには外壁に張った石と同じものを内部にも使用しています。木材との相性もよく落ち着いた雰囲気の空間となるよう心がけました。

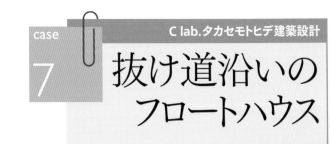

愛知県
岐阜県
三重県
静岡県
長野県
石川県
富山県

建築家のプロフィール

高瀬元秀《たかせ もとひで》

1979年 三重県生まれ／2002年 東京理科大学理工学部建築学科卒／2002–04年 積水ハウス／2004–07年 AUAU建築研究所／2007年 C lab.タカセモトヒデ建築設計 設立

家を建てる人へのアドバイス

敷地の特性やクライアントさんとの会話からヒントを得て設計を行っていきます。クライアントさんにはこれから一生住まうことになるであろう家をいっしょになって考えてもらいたいと思っています。

趣味は何ですか？

登山（テント泊）です。自分の足でたどり着かなければ見られない絶景と、テント泊により自然を近くに感じられる感覚が好きで続けています。

●C lab.タカセモトヒデ建築設計
（伊勢アトリエ）三重県伊勢市小俣町明野1708
（アクセス：近鉄山田線明野駅から徒歩5分）
TEL：0596-64-8635 FAX：0596-64-8635
（名古屋アトリエ）名古屋市中区錦1-17-13 名興ビル2F
（アクセス：地下鉄東山線伏見駅から徒歩3分）
E-mail：mail@c-laboratory.com
URL：www.c-laboratory.com
業務時間（休業日）／ 10:00 ～（不定休）

その他の設計作品

◎光柱の家
トップライトの光がアールの壁に反射する

◎庭とつながる家
全開口サッシで庭とつながる

◎離れのリフォーム
勾配天井で軒裏の丸太をあらわしに

上／外壁と同じ石張りとグレーの壁で落ち着いた雰囲気のインテリアに
中／バルコニーの壁により周辺からの視線をカット。カーテンを開け放しで過ごすことができる
下右／浮かせた玄関スラブと薄い庇で軽やかな印象のエントランスに
下左／２階から光が落ちてくるエントランス

［2F］

設計データ
- 敷地面積…250.30m^2
- 延床面積…130.86m^2
- 用途地域…第１種中高層住居専用地域
- 構造・規模…木造・地上２階建
- 設計期間…2018年１月～2018年９月
- 工事期間…2018年10月～2019年３月
- 施工会社…株式会社 上村工建

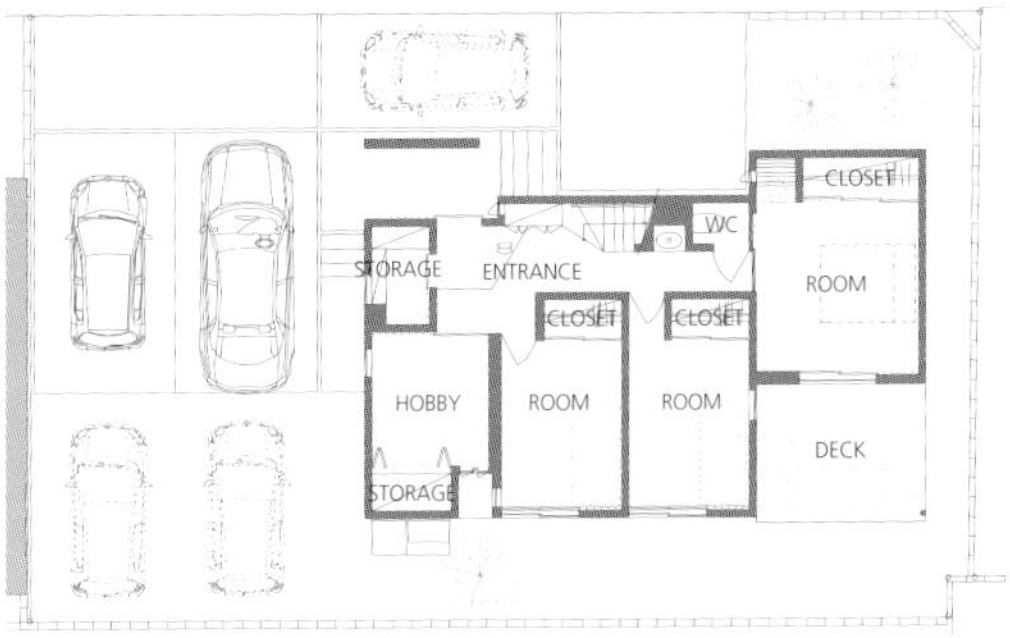

［1F］

建築主が要望した点

住宅の部分改修である。敷地は南北に隣家が密接し東に接道を持つ東西に長い形状をしている。母屋が建築されたのは約60年前。夫婦は家族繁栄を夢見てこの地に腰を据えた。家族が増え、商店を構え、その都度増築を繰り返し今の建物外形が構築された。そして時が経ち、この地には後を継いだ還暦を待つ男性が一人で暮らしている。

これら系譜から現状の住まいの様々な問題が浮き彫りとなる。当時の家族を許容した部屋数の多さ、その部屋数と隣家から圧迫された採光の乏しい居室、通風の取りにくさ、旧仕様による建物の構造や断熱性能。

改修の視点は、この住まいを男性単身者の住まいにスケールを合わせると言う点にある。

建築家が工夫した点

2階の2部屋を減築し、ＬＤＫを全て吹抜とし、吹抜け部に開口をつくり、水廻り配置を整理した。開放的な面と落ち着きを損なう面を持ち合わせている。落ち着かせる手法として有機的な曲線でくり抜かれた壁を採用した。有機的な曲線壁は、一室空間化を維持しながら緩やかに居所分けを行っている。自由な曲線のくり抜きは、抜きたい箇所、塞ぎたい箇所を自在にコントロールする。壁になる部分を利用して構造補強を可能にする。広く感じられる無機物の閉じられた箱状の建築空間に、有機的要素を用い感覚的な場の落ち着きを図ったのである。

有機が無機を包括する

case 8

SAKAKIAtelier

R+hasso

- 本体施工費……1,200万円
- 家族構成……男性1人
- 所在地……静岡県静岡市

全景。曲線は光を取り込み、水廻りを隠す（撮影：橘薫）

建築家のプロフィール

戸川賢木 とがわ さかき
1978年 静岡県静岡市生まれ／2003年 大阪市立大学大学院修了／2003年 積水ハウス(株)／2014年 一級建築士事務所サカキアトリエ設立

家を建てる人へのアドバイス

おおらかに包まれる様な住宅の提案を心掛けています。細かく部屋を区切るよりも、ある時は間仕切り、ある時は繋げて使える。

趣味は何ですか?

読書(特に小説)が好きです。時間があるときは次の展開にドキドキしながら一言一句ゆっくり読むのがたまらなく至福を感じるひとときです。

●一級建築士事務所SAKAKIAtelier
静岡県静岡市葵区安東2-10-34-8-2F
(アクセス:JR静岡駅から徒歩30分)
TEL:054-246-1666　FAX:不使用
E-mail:info@sakaki-atelier.net
URL:http://sakaki-atelier.net/
業務時間(休業日)／9:00～18:00(日・祝)
設計・監理料／総工事費の8～15%
住宅以外の設計／リノベーション

その他の設計作品

○井とロ
上／階段下を畳ベンチにして庭を眺める
中／引戸で間仕切るフレキシブルな間取り
下／真四角でも個性をつくる外観

右上／ダイニングよりリビングを見る
右下／照明は傘付ペンダントを主照明としている
左上／障子はなるべく既存のものを再利用している
左中／リビングとDKが曲線によって分けられる
左下／居どころを曲線が包み込む

設計データ
- 延床面積…194.71 m^2
- 用途地域…近隣商業地域
- 構造・規模…木造在来工法・地上2階建て
- 設計期間…2015年12月～2016年7月
- 工事期間…2017年7月～2017年10月
- 施工会社…匠工務店

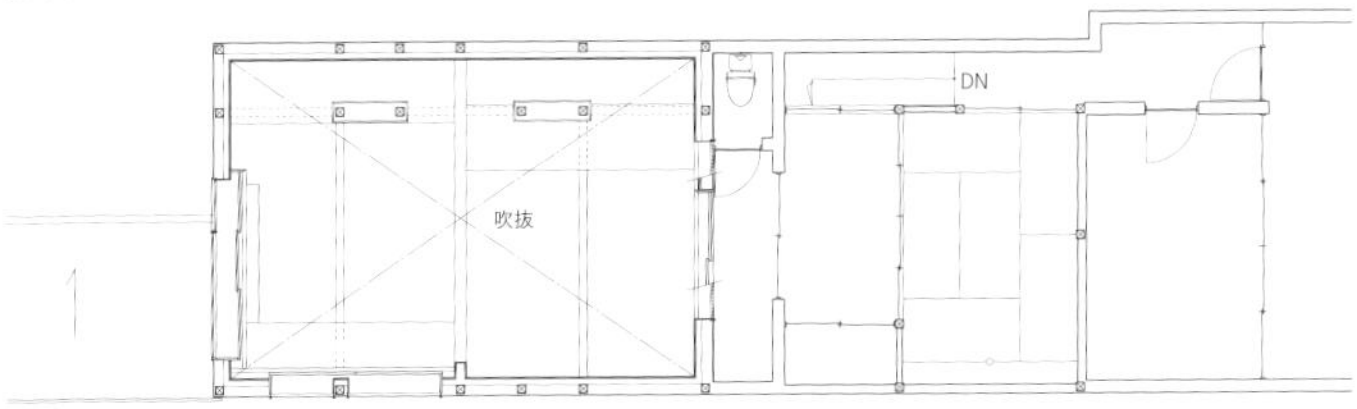

[2F]

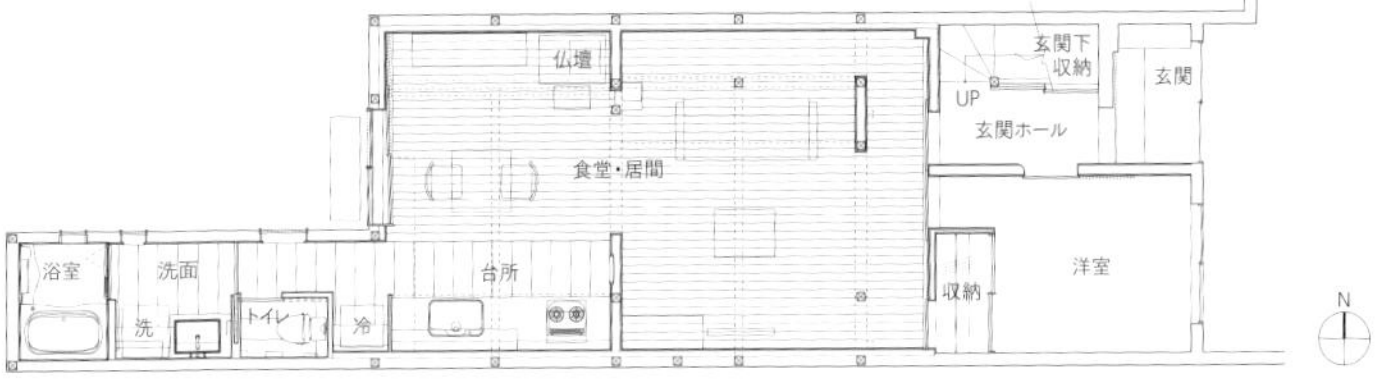

[1F]

周囲の景観を取り込む
コンパクトで豊かな空間

case 9

Atta一級建築士事務所アトリエta

AttaHouse

- 本体施工費……2,500万円
- 家族構成……夫婦＋子ども1人
- 所在地……長野県上田市

外観東面アトリエ入口の夕景

建築主が要望した点

家族がどこにいても雰囲気を感じられる楽しい家。

アトリエにて絵を描いたり、ピアノを弾いたりできるスペースが欲しい。空間を最大限に利用するために、なるべく廊下を無くした家にしたい。敷地北側に広がるりんご畑と、西側のもも畑を眺められるようにしたい。また、西側では夏に花火が見えるので見通しを良くしたい。

建築家が工夫した点

北側・西側が果樹園、南側・東側が隣地住宅の敷地において塀などを設けず、複数の出入口を配置することで周囲に対して開いた計画としました。中2階のフリースペースと寝室の一部を1階から持ち出し、2階のボリュームを大きくすることで基礎面積を減らし、外観にアクセントを付け個性を出しています。1階の半分を占める土間スペースは、内と外の中間領域として土足利用にすることで客人が訪れやすい場所にしました。中2階は将来を見据え、可動式家具で仕切ると子供部屋になるなど、フレキシブルに対応できるようにロフトのある天井の高い開放的な空間にしました。唯一の個室である寝室も内窓を開けることで、建物全体が緩やかに繋がる一体空間にしています。また、スキップフロアにより視線を上下に分散させることでプライバシーに配慮しています。温熱環境は自然エネルギーをパッシブに取り込むことを基本とし、1階に薪ストーブ、吹き抜け上部側面にエアコンを設置し、天井ファンで拡散させることで建物全体の空調をしています。

建築家のプロフィール

俵 周次郎《たわら しゅうじろう》
1975年生まれ／1993年 長野県上田高等学校卒業／1998年 東京理科大学理工学部建築学科卒業／2013年 Atta一級建築士事務所アトリエta設立／2017年 上田市都市景観賞受賞（上田原のクリニック）

家を建てる人へのアドバイス

家は長い年月を家族でともに暮らす大切な巣です。その土地にしかつくれない、その家族にしかできない形態があると思います。1つ1つ丁寧に練りあげてつくる家を建てることをお勧めいたします。

趣味は何ですか？

ギターです。高校時代の仲間とバンドを再開しました。できるかぎり長く続けたいと思っています。

●Atta一級建築士事務所アトリエta
長野県上田市古里755-8
（アクセス：JR上田駅から車で15分）
TEL：0268-71-6898　FAX：0268-71-6990
E-mail：atta@ocn.lime.ne.jp
URL：http://attastyle.com
業務時間（休業日）／ 9：00 ～ 18：00（土日祝日）
設計・監理料／総工事費の約８％
住宅以外の設計／医療施設、福祉施設、オフィスなど商業施設

その他の設計作品

◎上田原のクリニック
上田市都市景観賞受賞

◎秋和の歯科クリニック
子連れファミリーに優しい歯科クリニック

中２階フリースペース。ロフト付きの大きな遊び場となる

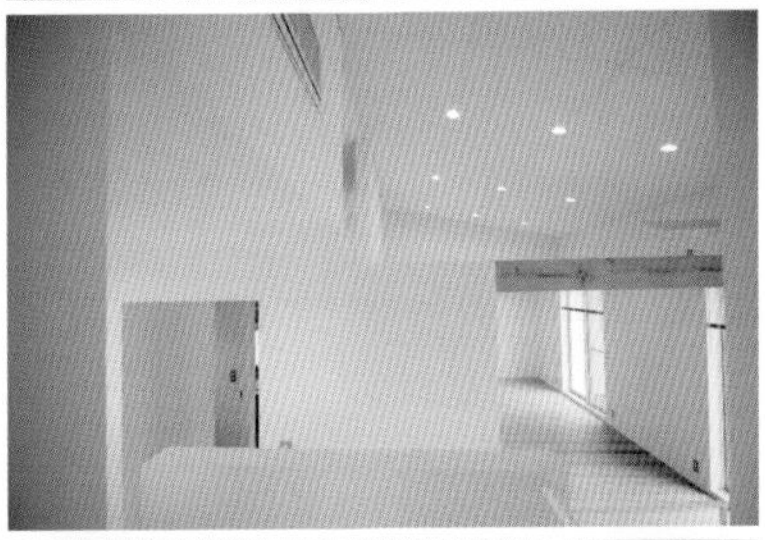

右上／寝室より中２階をみる。
全ての空間が繋がっている
左上／中２階より１階リビング、２階寝室を望む
左中／ ２階より中２階を望む。
ミニマルな仕上げとなっている
左下／毎年５月ころ南側にジューンベリーの実が生る

［2F］

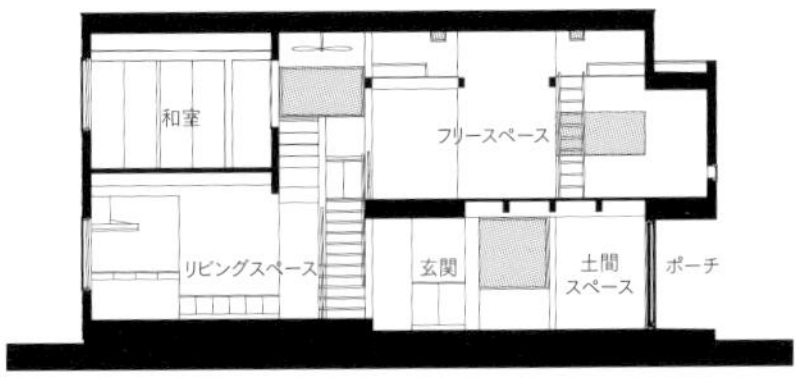

［Xsection］

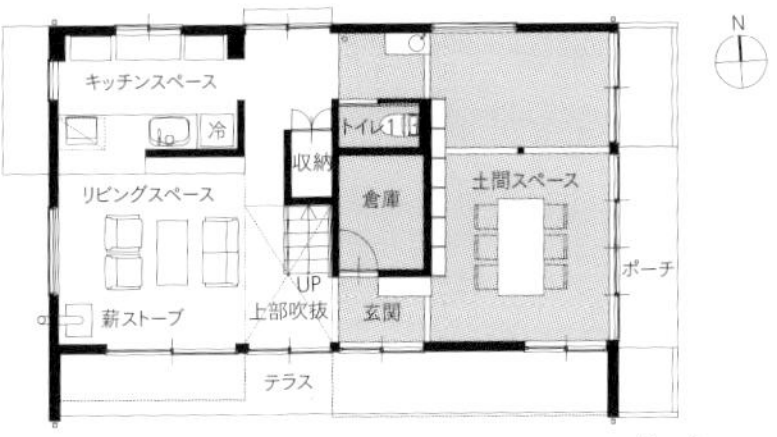

［1F］

設計データ

- 敷地面積…376.20 m^2
- 延床面積…133.12 m^2
- 用途地域…無指定
- 構造・規模…木造・地上2F
- 設計期間…2013年5月～ 2013年12月
- 工事期間…2014年3月～ 2014年10月
- 施工会社…有限会社 長谷美建

家族が思い思いに過ごすリビングのある家

case 10

堀岡康二建築設計事務所

公園を眺める家

- 家族構成……夫婦＋子ども3人
- 所在地……石川県金沢市

開放的な窓により公園の景色が広がる

建築主が要望した点

敷地は間口14m×18mで公園に面し、ゆったりした立地にあります。公園の借景を活かし、プライバシーを守りながら開放的でゆったり過ごせる住まいを建て主は求められました。小さな子どもとの生活の中で「家族の気配を感じつつも、それぞれ思い思いに過ごすリビング」をテーマとして、公園との視覚的な繋がりや各空間の機能・配置を十分に検討し進めていきました。公園側の北面は、外部から内へ広がる勾配天井にすることで、外の光を効率よくLDK全体に届け、内部からは、視線を外へと誘導し風景を自然に感じられるよう計画しました。

建築家が工夫した点

それぞれが好きな居場所で過ごせるよう、各スペースに役割を持たせ、一つの空間として繋がっているリビングをデザインしました。

公園からの視線も考慮し2階リビングとし、ダイニング・キッチン・浴室から緑を眺める住まいを計画しました。

読書ならファミリーライブラリーへ、癒されたいならウッドデッキへ、勉強や仕事に集中したいなら書斎へ、料理を楽しみたいなら緑を眺めるキッチンへ、映画ならシアタースペースへ。自然と家族の気配を感じながらも、書斎はリビングと窓一つの開け閉め次第で繋がりをコントロールできます。

みんなが好きなことを好きな場所で「やりたいこと」を楽しめるリビングになっています。

建築家のプロフィール

堀岡康二《ほりおか やすじ》

1973年 石川県生まれ／1997年 神奈川大学建築学科卒業／1999年 ARCDESIGN増田政一一級建築士事務所（東京都）／2004年 堀岡康二建築設計事務所設立

家を建てる人へのアドバイス

私たちは、建て主さんご家族にとって、20年後も30年後も、愛着がもてる家づくりができるよう、話し合いを重ねて、理想や希望をカタチにしていくお手伝いを一緒にさせていただきます。

リラックスできる時間は？

愛犬との散歩。ふだん車で通り過ぎている街も、思いがけないものを見つけたり、ふっと考えが浮かんだり。少し建築を離れてリラックスできる大切な時間です。

●堀岡康二建築設計事務所
石川県金沢市窪1-81-3
（アクセス：北鉄バス停・窪から徒歩10分）
TEL：076-241-7826　FAX：020-4663-7908
E-mail：horioka.archi@gmail.com
URL：horioka-archi.com
業務時間（休業日）／ 9:00 ～ 18:00（日・祝）
設計・監理料／総工事費の10 ～ 12%
住宅以外の設計／店舗・事務所・医院等

その他の設計作品

○緑に囲まれた家
石川県金沢市

○中庭を囲む家
福井県あわら市

○中庭を楽しむ家
富山県高岡市

公園側から眺めた外観

設計データ
- 敷地面積…253.00m^2
- 延床面積…152.36m^2
- 用途地域…第1種低層住居専用地域
- 構造・規模…木造軸組工法・地上2F
- 設計期間…2016年4月～2016年11月
- 工事期間…2016年12月～2017年5月
- 施工会社…荒木建築

上／リビングと繋がるファミリーライブラリー
中右／キッチンから繋がる開放的なテラス
中左／キッチンと一体感のあるダイニングテーブル
下／リビングの読書コーナー

こころの調和をもたらす住まい

case 11

深山知子一級建築士事務所・アトリエレトノ

大泉の家

- 本体施工費……7,000万円
- 家族構成…… 6人
- 所在地……富山県富山市

外観夜景（撮影：谷川ヒロシ）

建築主が要望した点

敷地は間口16m、奥行21mと広い長方形の西間口で、東南には畑があり周辺にはアパートや住宅が建ち並んでいます。

ご家族が望まれたのは、それぞれ趣味をお持ちのため、それに合わせたアトリエや趣味室と、リビング・ダイニングに薪ストーブのある暮らしでした。

また、雪や雨の多い地域のため、車3台が止められるインナーガレージを要望されました。外観に関しては、軒の深いモダンな雰囲気を求められていました。

建築家が工夫した点

趣味を楽しみながら周辺環境からプライバシーが守られ、季節や時の移ろいを感じられる、自然に包まれる豊かな暮らしを目指し設計しました。

この住宅では、朝の光を重要視しダイニングを東南に配置しました。そして、ダイニングに面する開口部は、幅４０００㎜×高さ２２００㎜とし中庭に面して設け、その上部に吹き抜けを作りました。壁と開口部のバランスが、内包感と開放感を同時に存在させ、それが癒しや優しさのある空間となっています。また、ダイニングに取り込まれた朝の清々しい光や、緑から得られる生命力などが、明日への活力を生み出してくれます。

アトリエレトノでは住宅に求められる居心地の良さとは、癒し・優しさ・精神の開放・活力などが感じられることだと考えています。

建築家のプロフィール

深山知子《ふかやま ともこ》

1971年 富山県生まれ／日本大学建築工学科卒業後／2013年 一級建築士事務所設立／2018年 深山知子一級建築士事務所・アトリエレトノに改名

家を建てる人へのアドバイス

住宅には自然と一体化する工夫が求められます。敷地条件や潜在意識の中にある心の動きを大切に考え設計することが、住まう人の心を豊かにし、その日常の積み重ねが人生の満足度・幸福度を高めます。

今、興味のあることはなんですか？

人の無意識を観察しそれを手法として住宅に落とし込むことに興味があります。例えば、一日の始まりの些細な心の動きも、とても私は重要だと考えています。

●深山知子一級建築士事務所・アトリエレトノ
富山県富山市桜橋通り3-1 富山電気ビルディング本館2F
（アクセス：富山地方鉄道電気ビル駅から徒歩1分）
TEL：076-486-8086　FAX：076-403-2870
E-mail：fukayama@atelier-retono.jp
URL：http://atelier-retono.jp/
業務時間（休業日）／ 10:00 ～ 18:00（不定休）
設計・監理料／総工事費の10 ～ 12 %
住宅以外の設計／店舗

その他の設計作品

○格子のある家

上右／外観
上左／らせん階段のあるダイニング
下／外と一体化するダイニング

ペレットストーブのあるダイニング

テラスと繋がるリビング

トップライトのあるダイニング

趣味を楽しむアトリエ

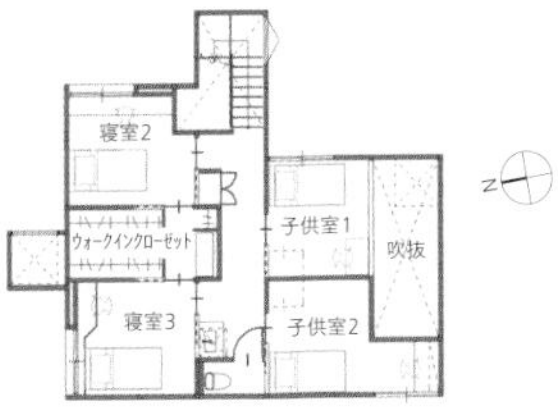

［2F］

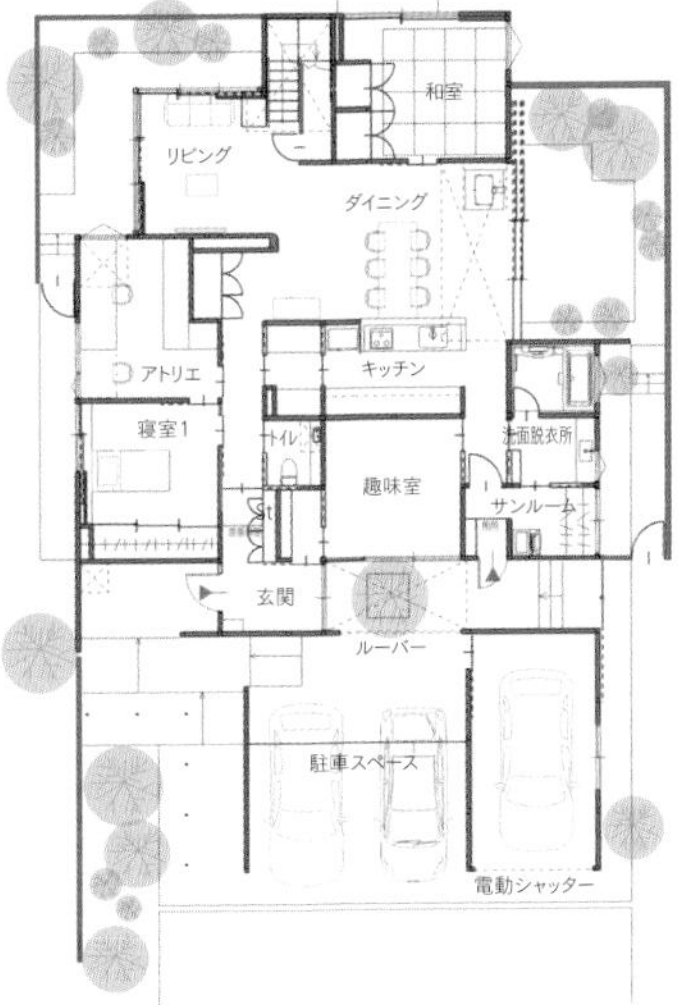

［1F］

テラスのあるリビング

設計データ

- 敷地面積…468.27m²
- 延床面積…282.28m²
- 用途地域…第二種中高層住居
- 構造・規模…木造・地上2F
- 設計期間…2016年6月～ 2016年12月
- 工事期間…2017年1月～ 2017年7月
- 施工会社…株式会社 洞口

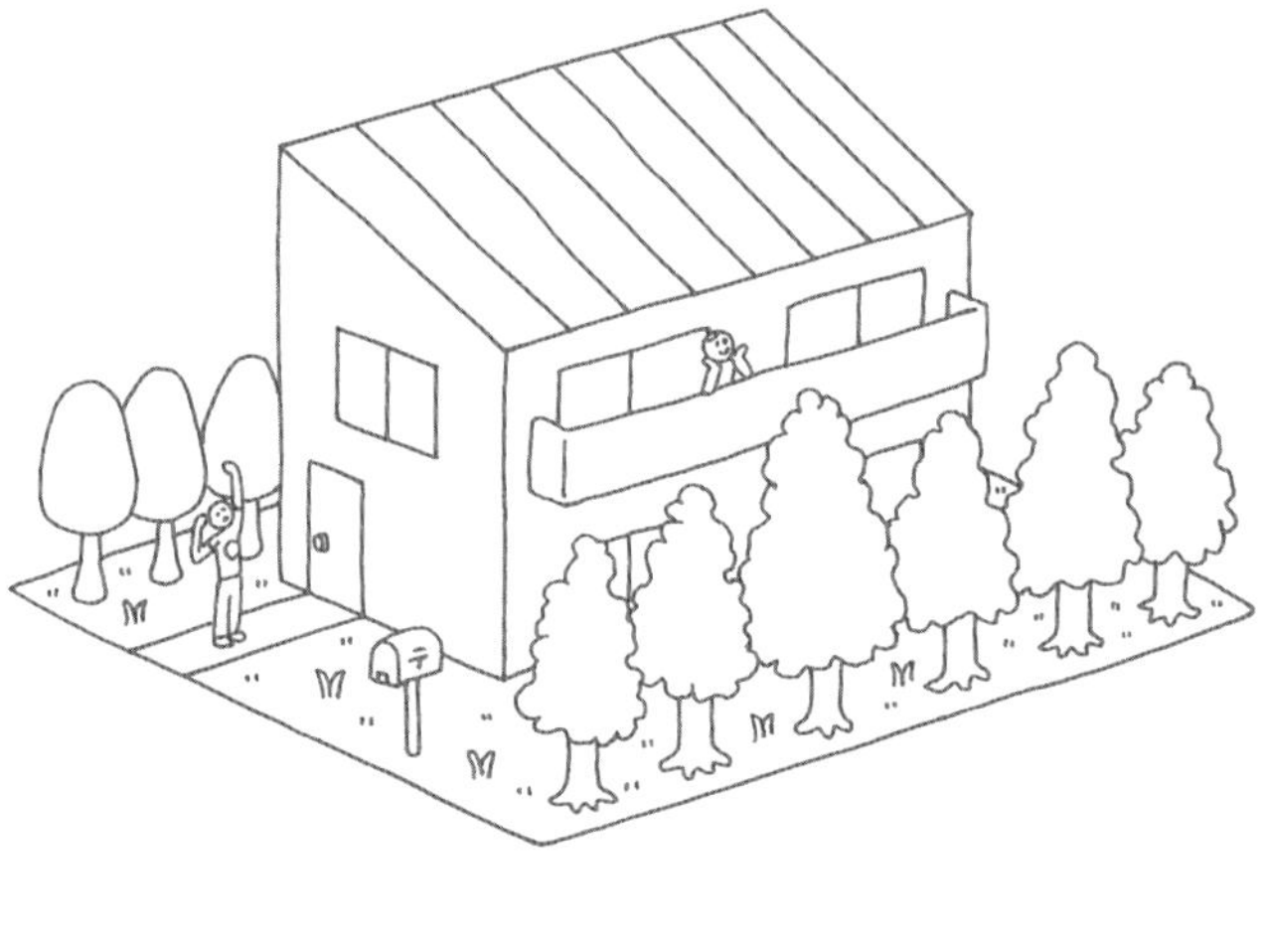

建築家index

case 1

髙橋純也

Ju Design建築設計室

- 住所：〒483-8044
  愛知県江南市宮後町砂場東301
  メゾン深山3A
- TEL：0587-53-2188
- FAX：0587-53-2188
- E-mail：
  ju.takahashi@judesign-archi.com
- URL：https://www.judesign-archi.com

case 2

羽柴順弘

haco建築設計事務所

- 住所：〒496-8011
  愛知県愛西市諏訪町郷浦49-1
- TEL：0567-55-8348
- FAX：0567-55-8348
- E-mail：info@haco-office.com
- URL：http://www.haco-office.com

case 3

謡口志保

ウタグチシホ建築アトリエ

- 住所：〒463-0013
  名古屋市守山区小幡中1-22-13-501
- TEL：052-718-0476
- FAX：052-308-5059
- E-mail：uta@utalier.com
- URL：http://www.utalier.com

case 4

丹羽哲矢＋丹羽倫子

clublab.

- 住所：〒464-0061
  名古屋市千種区向陽1-3-6
  グリーンハイツ向陽302
- TEL：052-761-2442
- E-mail：info@clublab.net
- URL：http://www.clublab.net

case 5

松原知己

松原建築計画

- 住所：〒463-0001
  名古屋市守山区上志段味羽根476
- TEL：052-700-6911
- FAX：052-700-6912
- E-mail：
  info@matsubara-architect.com
- URL：http://matsubara-architect.com

case 6

浅野 翼

㈱コンパス／浅野翼建築設計室

- 住所：〒506-0818
  岐阜県高山市江名子町2388
- TEL：0577-57-9115
- FAX：0577-57-9116
- E-mail：tsubasa@at-architect.net
- URL：https://www.at-architect.net

case 7

高瀬元秀

clab.タカセモトヒデ建築設計

［伊勢アトリエ］

- 住所：〒519-0501
  三重県伊勢市小俣町明野1708
- TEL：0596-64-8635
- FAX：0596-64-8635

［名古屋オフィス］

- 住所：〒460-0003
  名古屋市中区錦1-17-13名興ビル2F
- E-mail：mail@c-laboratory.com
- URL：http//www.c-laboratory.com

case 8

戸川賢木

一級建築士事務所SAKAKI Atelier

- 住所：〒420-0882
  静岡市葵区安東2-10-34-8-2F
- TEL：054-246-1666
- E-mail：info@sakaki-atelier.net
- URL：http://sakaki-atelier.net

case 9

俵 周次郎

Atta一級建築士事務所アトリエta

- 住所：〒386-0005
  長野県上田市古里755-8
- TEL：0268-71-6898
- FAX：0268-71-6990
- E-mail：atta@ocn.lime.ne.jp
- URL：http://attastyle.com

case 10

堀岡康二

堀岡康二建築設計事務所

- 住所：〒921-8151
  石川県金沢市窪1-81-3
- TEL：076-241-7826
- FAX：020-4663-7908
- E-mail：horioka.archi@gmail.com
- URL：horioka-archi.com

case 11

深山知子

深山知子一級建築士事務所・
アトリエレトノ

- 住所：〒930-0004
  富山県富山市桜橋通り3-1
  富山電気ビルディング本館2F
- TEL：076-486-8086
- FAX：076-403-2870
- E-mail：fukayama@atelier-retono.jp
- URL：http://atelier-retono.jp/

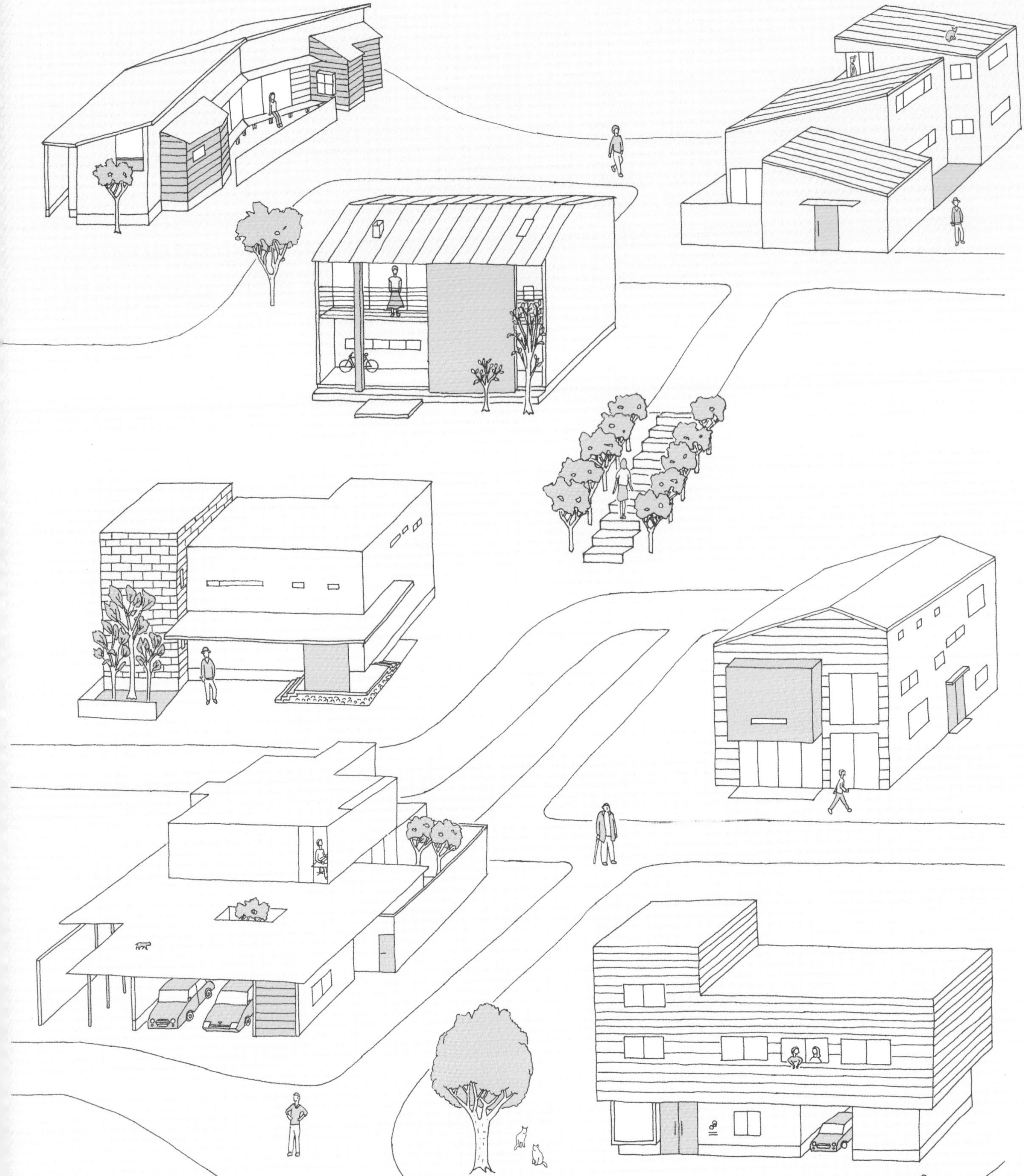

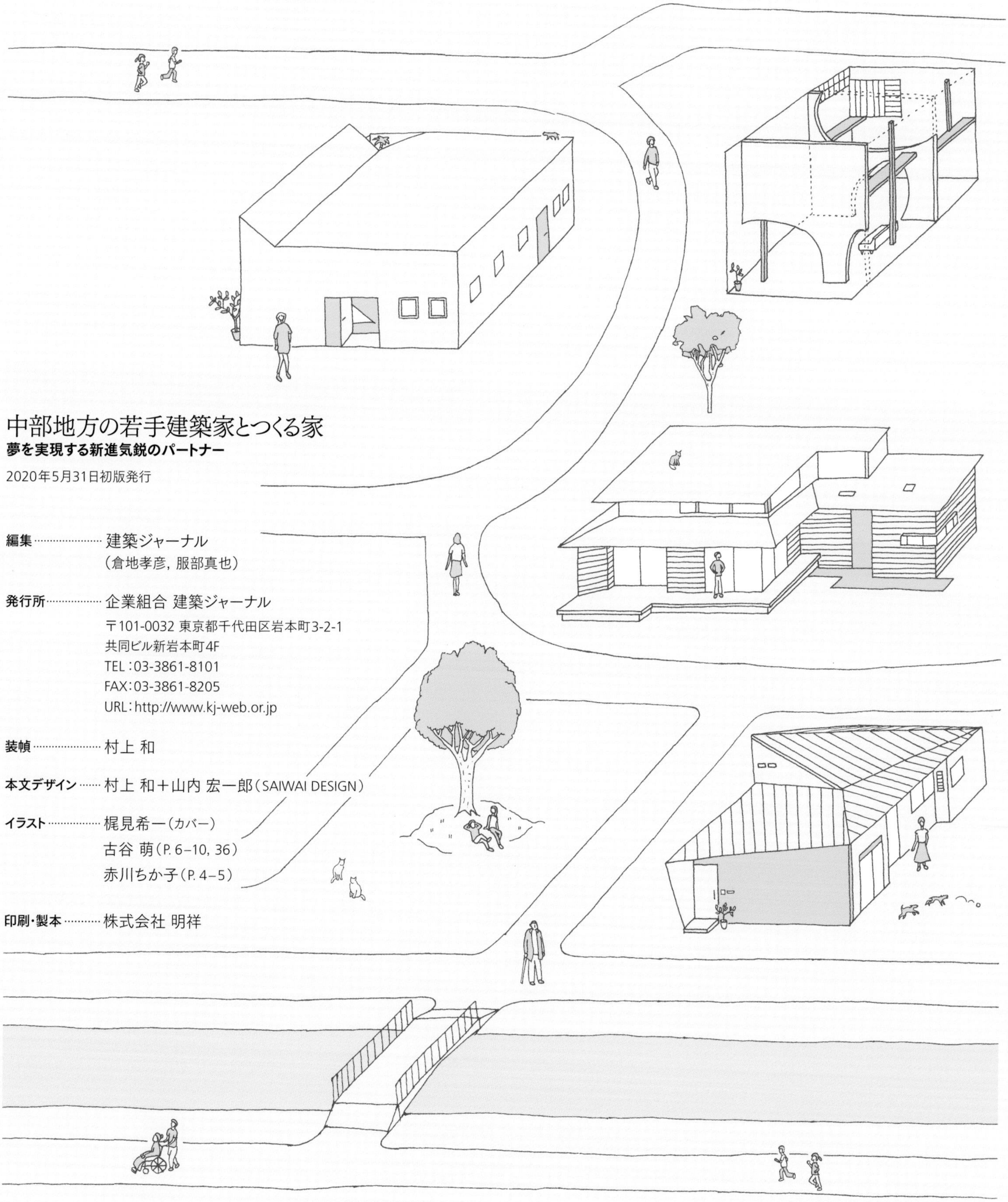

中部地方の若手建築家とつくる家
夢を実現する新進気鋭のパートナー

2020年5月31日初版発行

編集……………… 建築ジャーナル
（倉地孝彦，服部真也）

発行所……………… 企業組合 建築ジャーナル
〒101-0032 東京都千代田区岩本町3-2-1
共同ビル新岩本町4F
TEL：03-3861-8101
FAX：03-3861-8205
URL：http://www.kj-web.or.jp

装幀……………… 村上 和

本文デザイン…… 村上 和＋山内 宏一郎（SAIWAI DESIGN）

イラスト……………… 梶見希一（カバー）
古谷 萌（P. 6–10, 36）
赤川ちか子（P. 4–5）

印刷・製本………… 株式会社 明祥

定価はカバーに表示されています。
ISBN978-4-86035-115-1